中华精神家园

物宝天华

金银生辉

金银文化与艺术特色

肖东发 主编　李俊勇 编著

中国出版集团

现代出版社

图书在版编目（CIP）数据

金银生辉 / 李俊勇编著. — 北京：现代出版社，
2014.10（2021.7重印）

（中华精神家园书系）

ISBN 978-7-5143-3018-2

Ⅰ. ①金… Ⅱ. ①李… Ⅲ. ①金银器（考古）—介绍
—中国 Ⅳ. ①K876.43

中国版本图书馆CIP数据核字（2014）第236237号

金银生辉：金银文化与艺术特色

主　　编：肖东发

作　　者：李俊勇

责任编辑：王敬一

出版发行：现代出版社

通信地址：北京市定安门外安华里504号

邮政编码：100011

电　　话：010-64267325 64245264（传真）

网　　址：www.1980xd.com

电子邮箱：xiandai@cnpitc.com.cn

印　　刷：三河市嵩川印刷有限公司

开　　本：710mm×1000mm　1/16

印　　张：11

版　　次：2015年4月第1版　　2021年7月第3次印刷

书　　号：ISBN 978-7-5143-3018-2

定　　价：40.00元

党的十八大报告指出：“文化是民族的血脉，是人民的精神家园。全面建成小康社会，实现中华民族伟大复兴，必须推动社会主义文化大发展大繁荣，兴起社会主义文化建设新高潮，提高国家文化软实力，发挥文化引领风尚、教育人民、服务社会、推动发展的作用。”

我国经过改革开放的历程，推进了民族振兴、国家富强、人民幸福的中国梦，推进了伟大复兴的历史进程。文化是立国之根，实现中国梦也是我国文化实现伟大复兴的过程，并最终体现为文化的发展繁荣。习近平指出，博大精深的中国优秀传统文化是我们在世界文化激荡中站稳脚跟的根基。中华文化源远流长，积淀着中华民族最深层的精神追求，代表着中华民族独特的精神标识，为中华民族生生不息、发展壮大提供了丰厚滋养。我们要认识中华文化的独特创造、价值理念、鲜明特色，增强文化自信和价值自信。

如今，我们正处在改革开放攻坚和经济发展的转型时期，面对世界各国形形色色的文化现象，面对各种眼花缭乱的现代传媒，我们要坚持文化自信，古为今用、洋为中用、推陈出新，有鉴别地加以对待，有扬弃地予以继承，传承和升华中华优秀传统文化，发展中国特色社会主义文化，增强国家文化软实力。

浩浩历史长河，熊熊文明薪火，中华文化源远流长，滚滚黄河、滔滔长江，是最直接的源头，这两大文化浪涛经过千百年冲刷洗礼和不断交流、融合以及沉淀，最终形成了求同存异、兼收并蓄的辉煌灿烂的中华文明，也是世界上唯一绵延不绝而从没中断的古老文化，并始终充满了生机与活力。

中华文化曾是东方文化摇篮，也是推动世界文明不断前行的动力之一。早在500年前，中华文化的四大发明催生了欧洲文艺复兴运动和地理大发现。中国四大发明先后传到西方，对于促进西方工业社会的形成和发展，曾起到了重要作用。

　　中华文化的力量，已经深深熔铸到我们的生命力、创造力和凝聚力中，是我们民族的基因。中华民族的精神，也已深深植根于绵延数千年的优秀文化传统之中，是我们的精神家园。

　　总之，中华文化博大精深，是中国各族人民五千年来创造、传承下来的物质文明和精神文明的总和，其内容包罗万象，浩若星汉，具有很强的文化纵深，蕴含丰富宝藏。我们要实现中华文化伟大复兴，首先要站在传统文化前沿，薪火相传，一脉相承，弘扬和发展五千年来优秀的、光明的、先进的、科学的、文明的和自豪的文化现象，融合古今中外一切文化精华，构建具有中国特色的现代民族文化，向世界和未来展示中华民族的文化力量、文化价值、文化形态与文化风采。

　　为此，在有关专家指导下，我们收集整理了大量古今资料和最新研究成果，特别编撰了本套大型书系。主要包括独具特色的语言文字、浩如烟海的文化典籍、名扬世界的科技工艺、异彩纷呈的文学艺术、充满智慧的中国哲学、完备而深刻的伦理道德、古风古韵的建筑遗存、深具内涵的自然名胜、悠久传承的历史文明，还有各具特色又相互交融的地域文化和民族文化等，充分显示了中华民族的厚重文化底蕴和强大民族凝聚力，具有极强的系统性、广博性和规模性。

　　本套书系的特点是全景展现，纵横捭阖，内容采取讲故事的方式进行叙述，语言通俗，明白晓畅，图文并茂，形象直观，古风古韵，格调高雅，具有很强的可读性、欣赏性、知识性和延伸性，能够让广大读者全面接触和感受中国文化的丰富内涵，增强中华儿女民族自尊心和文化自豪感，并能很好继承和弘扬中国文化，创造未来中国特色的先进民族文化。

　　　　　　　　　　　　　　　　　　　　　　　　　　　　　青东发

　　　　　　　　　　　　　　　　　　　　　　　　　　　2014年4月18日

金银之源——夏商两周金银器

金银生辉——秦汉魏晋金银器

金碧辉煌——隋唐五代金银器

金银满堂——宋元明清金银器

夏商两周金银器

　　在甘肃省玉门夏代古墓中，发现了铸造粗糙的金耳环，这是我国发现的最早的金饰器实物。商代的金器以装饰品占主导地位，器物类相对较少。

　　河南省安阳殷墟遗址出土的眼部贴金虎形饰及金片、金叶、金箔等装饰，四川省广汉三星堆商代祭祀坑中发现的金面罩和金杖等祭祀用的金器，说明金器在商代已得到社会上层广泛使用。夏商西周时期还没有银器发现。

夏代火烧沟发轫的金银器

金银文化与艺术特色

夏朝是我国历史上的第一个朝代。《史记·夏本纪》注引《集解》等书说，夏朝"从禹至桀十七君，十四世"，共471年。夏朝的主要活动地区在河南西部颍水上游和伊河、洛河下游及山西晋南地区。

与夏朝文化遗址同时存在的其他氏族、部落的文化遗址主要有黄河下游齐鲁地区的岳石文化、黄河上游的齐家文化，长江中游荆楚先民的石家河文化和长江下游吴、越先民的晚期良渚文化等。

夏朝是我国第一个奴隶制王朝，与夏朝并存的还有全国各地的氏族、部落、部落联盟。这些分布在我国的早期国家和氏族、部落集团共同发展了经济，共同创造了夏代的历史。

在甘肃省玉门市清泉乡火烧沟文化遗址中，有一个

对鸟纹金饰片

■ 原始金饰指环

被称为"火烧沟原始村"的地方，其中"建草棚泥屋八座"展现了河西先民的生活图景。

因遗址处于一条红土山沟旁，山沟土色红似火烧故名火烧沟遗址。该遗址中有大量新石器文化遗存，距今3700年左右，属夏朝末期，被称为火烧沟文化。

在火烧沟文化遗址中发现了我国最原始的金器，主要是金耳环、合金鼻环等饰物。虽然铸造粗糙，但却开了我国金银器实物之先河。

在火烧沟遗址中发现的大量夏代青铜器和冶炼作坊说明这里是我国夏商时代重要的冶炼中心。

我国最古老而又比较确实的地理书籍《禹贡》和《职方氏》中有关夏朝"九州"的记载均包括了河西走廊，从中可以看到，河西走廊全境都包括在九州之中，是夏朝疆域的西陲。

因此，河西走廊并不是华夏文明之外的蛮荒之地。很多文献展现出的是河西走廊文化的先进性，例如，《新语·术事篇》上说："大禹出于西羌"；司马迁《史记·六国表》中说："禹兴于西羌"；《荀子·大略》中也说，"禹学于西王母国"；等等。

这些古代文献和火烧沟的考古资料，共同印证了河西走廊在我国夏代时期不但与华夏有着密切的联

禹 即夏禹，姒姓夏后氏，名文命，字高密，号禹，后世尊称大禹，夏后氏首领，传说为黄帝轩辕氏第六代玄孙，因治黄河水患有功，受舜禅让即帝位。禹是夏朝的第一位天子，因此后人也称其为夏禹。

《史记》 我国西汉司马迁撰写的第一部纪传体通史，是二十五史的第一部，记载了上自上古传说中的黄帝时代，下至汉武帝太史元年共3000多年的历史。《史记》最初没有书名，或称"太史公书""太史公传"，也省称"太史公"。它与宋代司马光编撰的《资治通鉴》并称"史学双璧"。

古代贵族金饰品

系，而且有着最先进的文化。

火烧沟文化是羌文化，《说文解字》中说："羌，西方牧羊人也。"位于夏朝西陲的火烧沟墓葬中发现的四羊头铜权杖柄、羊头柄彩陶方杯，尤其是成规格的随葬羊骨，都体现了典型的羊文化特点。

而在火烧沟文化东面的齐家文化各遗址，甚至临近火烧沟的东灰山遗址中，均不见这样典型的羊文化特点。从这些遗址中发现的兽骨，均以猪为主，羊骨极少，因此火烧沟所在的河西走廊西部应是早期的羌文化所在地，火烧沟人应是早期羌人的一支。

尤其重要的是，火烧沟人的黄金制造水平也是高超的。火烧沟遗址中发现的齐头合缝的金耳环数量较多，纯度很高，微泛红色。

火烧沟人除了懂得如何冶炼青铜外，还能冶炼其他合金，这说明火烧沟的金属制造业已达到了相当高的层次。

阅读链接

在火烧沟遗址中还发现了一个金属鼻环，这个鼻环是银白色的，密度较大，外表光亮。

它不是纯银，因为银经过几千年早就氧化而发黑了，它也不是纯金，因为金是黄色的。但有一点是肯定的，即它是由合金制成，估计金、银是其主要成分。

展现金属之美的商代金器

　　商朝时期青铜工艺的繁荣和发展，为金器的发展奠定了雄厚的物质和技术基础，同时青铜、玉雕、漆器等工艺的发展，也促进了金器工艺的发展，并使金器得以在更广阔的领域中，以更多样的形式发挥其审美功能。

　　商代金器大多为装饰品，而最常见的金箔，多用于其他器物上的饰件，或者说，是以和其他器物相结合的形式来增强器物的美感。

　　商代最主要的遗址是殷墟，在这里发现的金箔十分轻薄，从厚度看，当时的捶揲工艺已相当高超，也说明商代工匠对金子的延展性有了相当深刻的认识，否则不可能加工到如此

环形金箔

商代金臂钏

微薄的厚度。

在北京市平谷区刘家河商墓中发现的几件金器,金耳坠通高3.4厘米,坠部直径2.2厘米,重6.8克,耳坠部呈扇形,往上由粗及细弯成半圆形,尾端收束成尖锥形;金臂钏周长约39厘米,截面直径0.3厘米,钏直径12.5厘米,其中一件重93.7克,另一件重79.8克;金簪长27.7厘米,头宽2.9厘米,尾宽0.9厘米,重108.7克,器身截断面呈钝三角形,在其尾端有一长约0.4厘米的榫状结构,可能原镶嵌有其他装饰品。

臂钏即臂环,古代称臂环为钏。《正字通·金部》上说"古男女同用,今惟女饰有之",《南史·王玄象传》中也讲"女臂有玉钏"。由此可以看出,臂钏在早期是男女都佩戴的饰物,以后才成为女性特有的一种装饰品。

臂钏种类很多。刘家河商墓金臂钏用直径0.4厘米的金条相对弯成环形,环两端锤扁呈扇形,整体光素无纹饰,造型简洁明快。

刘家河商墓的这些金器不仅器形完整,而且发饰、耳饰、臂饰齐备,构成一个品类繁多的系列,实属罕见。

经测定,这些金器的含金量在85%以上,另掺有少量的银和微量铜。

从工艺上看,金簪系用范

原始金耳坠

铸法成形，金耳坠和臂钏则是捶揲而成。造型都比较简朴，并无纹饰和其他装饰。这也是发现最早的成套金首饰。

刘家河商墓中的扁喇叭形金耳环、金簪等饰物，地方色彩十分鲜明，极有可能是商朝周边少数民族制造的饰品。

■ 原始金币

这些器物与北京、河北、辽宁等地夏家店下层文化墓葬中的金或铜质饰件形制相同，说明商代贵金属工艺的发生和发展与夏家店文化有密切的联系。

另外，在河南省安阳殷墟武官大墓中发现有环状金片，其中殷墟侯家庄一座葬坑中发现6枚包金铜泡，是用圆形金片的周边折入铜泡的背面，使金箔牢固地包在泡面上的，方法十分巧妙，此为金箔饰铜器数例。

木器贴金的器物较多，河南省安阳大司空村一座殷墓车马坑舆上中间有3片重叠一起的圆形金片饰，直径为12厘米，有可能是伞盖上的装饰。

安阳小屯一座殷墓车马坑舆内西部出土金箔片，金箔呈南北纵列，应当是鞭杆之饰。杆饰自顶端玉饰下分8节，每节用金片相对地饰于杆上，杆径约2厘米，杆末端10厘米间为手柄，没有金饰。金片长5.5—6.5厘米、宽1—1.1厘米，总重3.9克。

此外，殷墟侯家庄一座墓中发现的桥形金片，片

簪 由笄发展而来，是古人用来绾定发髻或冠的长针。可用金属、骨头、玉石等器物制成，多加以珠宝装饰。后来专指妇女绾髻的首饰。摘，簪股，将头部做成可搔头的簪子，所以俗称为搔头。

殷墟 我国商代后期都城遗址，位于河南省安阳市殷都区小屯村，横跨洹河两岸。商代从盘庚到帝辛，在此建都达273年，是我国历史上第一个文献可考并为考古学和甲骨文所证实的都城遗址。

■ 妇好墓中的金眼玉虎

妇好 商朝国王武丁的妻子，我国历史上有据可查的第一位女性军事统帅，同时也是杰出的女政治家。她不仅能够率领军队东征西讨为武丁拓展疆土，而且还主持着武丁朝的各种祭祀活动。因此武丁十分喜欢她，她去世后武丁悲痛不已，追谥曰"辛"，商朝的后人们尊称她为"母辛""后母辛"。

上有钉孔，可能是钉于木器上的箔饰。

在安阳殷墟妇好墓中发现的一件玉虎，其眼睛处贴金箔以点睛。

河北藁城台西村的商墓中的漆盒上贴有金箔，厚不到1毫米，箔片残存半圆形，正面阴刻云雷纹，背面遗有朱漆痕迹。

在藁城台西遗址商代墓葬中还发现有金臂钏、金耳环、金簪等金器。

将商王朝统治区与周边地区发现的金器进行对照会发现，它们应属不同的文化系统。在形制和纹饰上，各自的地域文化特点十分鲜明。

商王朝统治区的黄金制品大多为金箔、金叶和金片，主要用于器物装饰。在商王朝北部地区的金饰品，主要是人身佩戴的黄金首饰。

这个时期所发现的金器中，最令人瞩目的是四川省广汉三星堆遗址和金沙遗址的一批金器，不仅数量多，而且形制别具一格，这反映出我国早期文明发展的多元性和不平衡性。

古蜀族是世界上最早开采和使用黄金的古老的民族之一，在相当于中原殷商时期就已经熟练地掌握了黄金的加工技术，制作了精美绝伦的金杖、黄金面罩、金虎、金叶、金鱼、金璋等多种黄金动物图形和装饰品。

这些黄金饰品，不仅展现了古代蜀人高超的金箔加工制作技艺，而且具有丰富的文化内涵，这些金箔加工工艺也代表了商代最早的黄金制品水平，为揭示三星堆古蜀文明的珍贵资料和重新认识我国早期黄金冶炼水平具有很高的研究价值。

三星堆遗址的黄金器是商文化遗址中最丰富的。

一是种类多，有金杖、金面罩、金箔虎形饰、金箔鱼形饰、金箔璋形饰、金箔带饰、金料块等。

二是形体大，一号、二号坑均有金面罩。二号坑的铜头像上有的贴有金箔面罩，构成金面铜头像。可以推测，金箔面罩原来都是粘贴在铜头像上使用的。一号、二号坑中丰富的黄金器也是三星堆遗址晚期遗存的重要特征。

三星堆遗址的黄金制品，还有金箔或金片制成的

三星堆文明遗址 古蜀国的典型，位于我国四川省广汉市，因有3座突兀在成都平原上的黄土堆而得名。三星堆文明上承古蜀宝墩文化，下启金沙文化、古巴国，前后历时约2000年，是我国长江流域早期文明的代表，也是我国信史中已知的最早的文明。

三星堆金杖

鱼纹金箔

金虎、金叶、金鱼、金璋、金带等，此外还有金料块。在这些黄金制品的制作工艺上，采用了捶锻平展、剪裁修整、平面雕刻等手法。

如金叶，形似细长的叶子，上面用浅雕手法刻画了多组"∧"形的平行线条，在每组"∧"形线条之间布满刺点纹，显示出独特的装饰效果；叶片柄端两侧有小缺口犹如鱼头形，并有小孔，可供穿系所用。

在三星堆的黄金制品中，其中一号祭祀坑的一柄金杖，堪称金器中的绝世珍品。它全长1.42米，直径为2.3厘米，用捶打好的金箔，包卷在一根木杆上，净重约500克。木杆早已碳化，只剩完整的金箔。

金杖杖身上端有3组人、鱼、鸟图案，说明金杖既被赋予着人世间的王权，又被赋予着宗教的神权，它本身既是王权，又是神权、政教合一的象征和标志。

靠近端头的是两个前后对称的人头像，头戴五齿高冠，耳垂三角形耳坠，面带微笑。另两种图案相同，上方是两只两头相对的鸟，下方是两条两背相对的鱼。它们的颈部，都叠压着一根似箭翎的图案。

图案的意义大致是，在神人的护佑下，箭将鱼射中，鸟又将箭杆带鱼驮负着归来。

这是一柄权杖，同时又可看作具有巫术原理的魔

金银生辉

金银文化与艺术特色

杖。传说蜀的国王鱼凫是以渔猎著称，因而后世尊奉为神，这柄金杖有可能和鱼凫氏的传说有关系。这支金杖的图案，有鱼有鸟，应当印证是鱼凫王所执掌。

黄金面罩是古蜀人使用黄金制品方面的又一杰作。从制作工艺上看，是先将纯金捶锻成金箔，然后做成与青铜人头像相似的轮廓，将双肩双眼镂空，再包贴在青铜器人头像上，经捶拓、蹭拭、剔除、黏合等工序，最后制成与青铜人像浑然一体的黄金面罩。

在三星堆众多的金器中，金面铜头像由铜头像和金面罩两部分组成，金面人像高41厘米，铜头像为平顶，头发向后梳理，发辫垂于脑后，发辫上端扎束。

金面罩大小、造型和铜头像面部特征相同，双眼双眉镂空，用土漆调和石灰作黏合剂，将面罩粘贴于头像上。头像尊严高贵、气度非凡，这金光熠熠、耀人眼目，俨然王者风范的"金面使者"乃当时社会高层人士，掌握生杀大权，具有首领的统治意味。

从三星堆青铜人头像上包金面罩的情况来看，早在商代，蜀人就知道黄金为尊，所以他们才在铜头像上再包贴金面罩，其并非仅仅为了美观，还为了得到神灵的欢愉，以使铜头像代表的神灵更灵验一些。

同时，从金箔面罩可以看出，三星堆青铜人物雕像的面部有相当大一部分是高鼻、深目，颔下留一周胡须的形象，这种

王者风范 代表某种行为标准，指一个人是否具备拥有帝王将相般的模范。在历史上，一个帝王的行为规范最能体现出这个国家人民的行为准则。其表现为大度，但对于别的细节又很认真，拥有无与伦比的观察力；有心计，最重要的是要有领导能力，而且要在做事前确立自己的目标，在做事的过程中，不利欲熏心。

■ 三星堆金面罩人头像

风格显然同商周时代我国的各种人面特征不同。

而在艺术风格上，三星堆青铜人物雕像的面部神态几乎都是庄严肃穆，眼睛大睁，尤其是着意表现双眼在面部的突出地位，这同西亚近东青铜雕像的艺术风格是一致的。

另外，三星堆金面人头像像高48.5厘米，人头像为圆顶，面罩与面部结合紧密，倒八字长眉，杏核状眼，蒜头鼻，阔口，闭唇，宽方颐。长方形耳郭，饰云雷纹，耳垂穿有一孔。

发现于三星堆遗址一号祭祀坑的金箔虎形饰高6.7厘米，宽11.6厘米，用金箔锤拓而成。巨头，昂首，口大张，眼镂空，大耳，身细长，饰虎斑纹，前足伸，后足蹲，尾上卷，呈咆哮状。

三星堆遗址二号祭祀坑的金箔鱼形饰长22.68厘米，宽1.85厘米，形似鲇鱼，又似细叶，从一面錾凿形线和刺点纹。头端戳有一小空，两侧錾一个小缺口。

四川省成都市西部的金沙村远古文明遗址，在1000多件遗物中，包括30件金器。以金箔和金片为主，有金杖、金面罩、金面具、金带、太阳神鸟金饰、盒形器、喇叭形器、四叉形器、圆形饰、蛙形饰、虎形饰、鱼形饰等。

这些金器采用的是捶揲、剪切、刻画、模冲、镂空、打磨等多种技法加工，其厚度一般为0.02厘米至0.03厘米，最厚的约0.04厘米，含金量83.3%—94.2%，其中有些工艺技术已达到较高水平，许多金器都是商代晚期至西周时期黄金工艺技术的代表之作。

一系列的发现表明，金沙遗址的金器具有浓厚的

鎏金饰物

地域性特色，金沙先民有独特的"黄金崇拜"。首先，数量多，形制丰富，达几十种；其次，这些金器基本都是器物上的附件；再次，金面具等人物形象的金器在我国相当罕见；最后，金器的造型和图案有强烈的象征意义，包含着丰富的古代历史信息。

金沙村遗址出土金箔

其中，金冠带上的图案反映的是古蜀人对祖先和鸟的崇拜，太阳神鸟金饰则反映了古蜀人对太阳的崇拜。

金冠带呈圆环形，直径上大下小，为19.6—19.9厘米，宽2.68—2.8厘米，厚0.02厘米。

金带表面纹饰由4组相同图案构成，每组图案分别有一鱼、一箭、一鸟和一圆圈。这件冠带上的纹饰与三星堆器物坑金杖上的纹饰基本

金叶文物

鎏金覆面

相同，都是以鸟、鱼、箭、人头为主要构图元素组成的图案。

金冠带与金杖都可能是当时古国古族至高无上的王权与族权的体现与代表，标示着金沙遗址与三星堆遗址的统治者在族属上的同一性或连续性。

金带表面纹饰主要以錾刻的技艺完成，在局部纹饰中采用了刻画工艺。图案中鱼体宽短，大头圆眼，嘴略下勾，嘴上有胡须，鱼身刻画鳞片，身上有较长的背鳍，身下有两道较短的腹鳍，鱼尾作"Y"字形，两尾尖向前卷曲。箭头插于鱼头内，箭杆较粗，带尾羽，鱼的胡须处采用刻画工艺。

鸟位于箭杆后方，鸟头与鱼头朝箭羽方向，鸟为粗颈，长尾，大头，钩喙，头上有冠，翼展较小，腿爪前伸，鸟爪亦采用刻画工艺。

圆圈纹位于每组图案之间，直径约2厘米，外轮廓由两道旋纹构成，中间有两个对称的小圆圈，仍为两圈旋纹构成，每个小圆圈的上下各饰有一长方形方框，组成一个图案。

整个图案内容表现的是人用箭射鱼，箭经过鸟的侧面，箭头深插于鱼头内，所以这件金冠带被称为"射鱼纹金带"。

而这件特别的太阳鸟金饰件，在金饰上刻画着的是"太阳"和"鸟"的清晰图

金沙出土金冠

金银生辉

金银文化与艺术特色

案。伴随着显示王权的大量玉器、金器的发现，足以证明这件金饰极有可能就是古蜀王举行盛大祭祀典礼遗存下来的宝物。

太阳神鸟金饰总体呈圆形，器身极薄。外径12.5厘米，内径5.29厘米，厚度0.02厘米，重量20克。整器呈圆形，器身极薄。

图案采用镂空方式表现，分内、外两层，内层为一圆圈，周围等距分布有12条旋转的齿状光芒；外层图案围绕在内层图案周围，由4只相同的逆时针飞行的鸟组成。

■ 太阳神鸟金饰

4只鸟身较瘦长，翅膀短小，喙微下勾，短尾下垂，爪有三趾。鸟首足前后相接，朝同一方向逆时针飞行，与内层旋涡旋转方向相反。

太阳神鸟金饰整个图案似一幅剪纸作品，线条简练流畅，极富韵律，无论是外层的4只飞鸟，还是内层旋转的太阳，都充满强烈的动感，富有极强的象征意义和极大的想象空间。

特别是在红色背景衬托下，里面的旋涡就如同一轮旋转的火球，周围飞鸟图案分明就是红色的火鸟。外层飞行的神鸟和内层旋转着的太阳，表现的正是古蜀人对太阳神鸟和太阳神的崇拜和讴歌。

太阳神鸟金饰生动地再现了远古人类"金乌负日"的神话传说故事，4只神鸟围绕着旋转的太阳飞

太阳鸟 又称三足鸟，我国远古时代太阳神话传说中的十日是帝俊与羲和的儿子，它们既有人与神的特征，又是金乌的化身，是长有三足的踆乌，会飞翔的太阳神鸟。十日每天早晨轮流从东方扶桑神树上升起，化为金乌或太阳神鸟在宇宙中由东向西飞翔，到了晚上便落在西方若木神树上。

翔，周而复始，循环往复，生生不息。

有研究认为其外层4鸟也代表春夏秋冬四季轮回，内层12道芒纹代表一年12个月周而复始。这是古代蜀人崇拜太阳的物证，也许当时古蜀人已经掌握了岁、时、月的概念以及形成的原因。

另外，从这个太阳神鸟金箔饰本身形象来看，内层的12道旋涡状光芒，既像一道道火苗，又像一根根象牙，也像一轮轮弯月，极富美感。

古蜀人把所能够理解并掌握的自然现象和自然规律，总结为科学知识，如天文历法知识等；而把不理解的自然现象就归于神秘的宗教崇拜和神话传说。

一方面祭祀祈祷天神和日神保佑；另一方面顺应天时，总结自然规律，利用自然规律，科学地安排生产和生活。同时，古蜀人首先又利用历法为农业生产服务。

古人采用的是观象授时的办法，来预告农事进程。即观测自然现象来判断农事季节。因此，鸟也可以代表四季。历法的先进性就是以历年和太阳的回归年之间的无限接近为前提的，而要准确地测量回归年，最简单而又确切的方法是测量日影的长度。因此，崇拜太阳和鸟的古蜀人在总结历法的过程中，是离不开太阳和鸟的。

祭祀 是华夏礼典的一部分，更是儒教礼仪中最重要的部分，礼有五经，莫重于祭，是以事神致福。祭祀对象分为3类：天神、地祇、人鬼。天神称祀，地祇称祭，宗庙称享。祭祀的法则详细记载于儒教圣经《周礼》《礼记》中，并有《礼记正义》《大学衍义补》等书进行解释。

■ 金沙遗址出土的金饰

远古金块

随着社会的进步，知识的积累，经过一代代巫师和古蜀人的努力，历法也在逐步得到改进。因此，宗教崇拜，尤其是太阳和鸟崇拜及历法都在古蜀人的生产和生活中起到了至关重要的作用，太阳和鸟崇拜以及历法也是古蜀文化中的重要因素。

虽然很多古代器物中都有太阳形图案，但是刚好是12个的却不多。这说明蜀中的天文历算特别发达，有其独特的系统，产生过深远的影响。

古蜀人使用历法的发展，除了古蜀人自己不断总结自然规律，不断进步以外，也借鉴了中原地区以及其他地区的历法知识。

文献资料和考古材料都证明，古蜀人与其他地区，尤其是中原地区的交流，自古就有，而且从来没有间断过。

太阳神鸟金饰构图凝练，是古蜀人丰富的哲学思想、宗教思想、非凡的艺术创造力与想象力和精湛工艺水平的完美结合，也是古蜀国黄金工艺辉煌成就的代表。

在金沙遗址中还发现了中心孔圆形金饰，穿孔在圆心，器表略弧。器内壁有细微磨痕。直径1.1厘米。还有边缘孔圆形金饰，穿孔则在器物边缘，器身平整。而这一件环形金饰，素面，残长15.9厘米，宽1.04厘米，环面宽窄不等，器身多有铜锈，环内外边缘有内卷痕迹。

在金沙遗址中竟然还有一件金盒，椭圆形，无盖，平底略外弧，高3.13厘米，宽2.97厘米，长9.43厘米。近沿外有多处擦痕，器表曾作

弦纹 古代纹饰，
是刻画出的单一
的或若干道平行
的线条，排列在
器物的颈、肩、
腹、胫等部位。
是古器物上最简
单的传统纹饰，
在青铜器上呈现
为凸起的横线
条。出现于新石
器时代，商周普
遍流行。弦纹是作
为界栏出现的。

抛光处理，器壁不平整，有破损。

金沙遗址也发现有金面具，高3.74厘米，宽4.92厘米。圆脸，耳朵外展，耳郭线清晰，耳垂上有孔，但未穿通。梭形双眼镂空，鼻梁高直，鼻翼与颧骨线相连，大嘴微张，镂空而成。器表作抛光处理，内壁则较为粗糙。

金沙遗址中的蛙形和鱼形金饰也很有特色，其中蛙形金饰，长6.96厘米。器呈片状，头部呈尖桃形，并列一对圆眼。"亚"字形身，背部中间有一脊线，前后四肢相对向内弯曲，尾端尖。脊两侧饰对称弦纹，由背脊处延至四肢，弦纹内饰一排连珠纹。

而鱼形金饰，长4.9厘米，柳叶形，头部有一圆形小穿孔，身上錾刻有鱼刺纹和点纹。

除此之外，另有几件金饰也各具特色。

如喇叭形金器，口径9.8厘米。器较矮，小平顶，顶上有一个不规则穿孔。器表不平整，内外壁均抛光，留有凌乱的细密划痕。

还有"几"字形金器，器呈"几"字形，长49厘米，外缘不规整，有内卷痕迹。附有铜锈，抛光处理。

条形金饰，素面。残长14.7厘米、宽1.6厘米。

三角形金器，长25厘米。器呈圆角三角形，器一端有长方形柄。器外缘内卷，身中部有一裂缝。

除此之外，商代葬墓中位于死者身体贴近部位的，多为饰于衣帽上的金箔。

如山西省保德林遮峪村商墓发现的两件赤金弓形饰，形状一样，高、宽、厚各为11.1厘米、26厘米、0.5厘米和13厘米、29.1厘米、0.5厘米，总重量是215克，含金量达95%。这两件箔饰的两端各有一穿孔，位于死者胸部，应当是缝缀在衣服上的一种装饰。

山西石楼桃花庄商墓死者的头骨处有一带状金片，长、宽、厚各为57.6厘米、4.8厘米、0.05厘米，重约150克，两窄端各有穿孔，据考证，墓主人以圆箍形"頍"或额带束发，金片是上面的装饰。

阅读链接

在四川古史传说中，曾留下了许多与黄帝、颛顼、大禹有关的记载，说明古蜀族与华夏祖先有着极深的渊源。在殷墟甲骨卜辞中至少有70条记载了蜀与商之间的关系。

大量的器物证明，四川盆地的先秦考古学文化受到中原地区、长江中下游地区和甘青地区等文化的强烈影响。

三星堆灿烂的金器展示了那个时代所特有的风貌，而这些金器所体现出的价值也不断地为了解古蜀国，提供了可靠的实证资料。在当时的环境和条件下能够掌握黄金的淘洗加工技术，以及从挖掘的这些考古遗物上来看，说明冶炼捶锻辗制加工已具有较高的水平。

特别是金杖、金箔面罩、金箔叶之类的工艺精湛内涵丰富的黄金制品，可以说明古蜀王国在制作工艺上居于世界领先地位，而且在黄金制品的用途和内涵方面更显示出了鲜明的特色和无穷的魅力。

好德尚礼的西周时期金器

我国自古就崇尚人的品德，西周人尤其好德，有一则与金子有关故事可以说明：

当时，鲁国人秋胡娶了妻子才5天工夫，就到陈国做官去了。这一

西周时代鎏金青铜器

去过了5个年头才回来，在路上秋胡看见一个采桑的妇人，十分欢喜，就下车拿了金子去引诱她，可是那采桑的妇人毫不理会。

秋胡闷闷不乐地回到家里，就捧了金子出来献给他的母亲，随后又唤妻子出来，谁知就是刚在路上调戏的采桑妇人。秋胡顿时惊得目瞪口呆！

只听他妻子说："你因为欢喜女子而给她金子，这是忘记自己的母亲了，忘记了母亲，就是不孝；贪恋女色，动了淫心，这是污秽自己的品行了，也就是不

■ 凤纹鎏金铜壁

义。你孝义两件都丢失了，我实在羞于见你。"说完就奔出门投河死了。

在我国古人的眼中，认为只有好的德行才是世间最珍贵的东西，也是一个人真正能谨守一生的最大财富。所以，在十分强调礼制的周代，秋胡的下场也就可想而知了。孔子后来一心要恢复的就是周礼。

当然，我国文化既有这种严厉苛责自己的一面，也有极其宽容大度的一面，那就是浪子回头"金"不换。也只有在这两方面的牵制与中庸里，文化才显示出不会在物欲里迷失的可能。

由于西周时人们并不崇尚奢华，所以当时的金制品也非常少见，西周的金饰主要是河南省三门峡虢国墓地发现的金带饰，其中圆形饰7件，长方形饰1件，兽面纹饰3件，类似虎头形，另有1件为镂空兽面纹三角形饰，大小共计12件，总重433克。

其中三角龙形金带饰高1.65厘米，重93.7克。三棱锥体状，外折边且有8个方形小穿孔。器表作两组单首双身龙形，顶端为浮雕式，龙头上有螺旋形双角，口旁一对獠牙，卷鼻，吐舌，纹样间隙镂空。

孔子（前551—前479），姓孔名丘，字仲尼。生于东周时期鲁国陬邑，即今山东省曲阜市南辛镇。春秋末期的思想家和教育家，儒家思想的创始人。孔子集华夏上古文化之大成，是当时社会上的最博学者之一，被后世统治者尊为孔圣人、至圣先师、万世师表。孔子和儒家思想对我国和世界产生了深远影响。

■ 三角龙形金腰带

兽首形金带扣高2厘米，重39.1克。兽首，牛鼻，双角尖有短梯形豁口，下有獠牙。

虢国墓地的金带饰的制作工艺均为钣金浇铸成形，而且运用了镂空工艺。这些金饰件都位于棺内尸体腰部，估计应是腰带上的装饰件。

在山西省曲沃西周晋侯墓中也发现了两组分别为15件和6件的金腰带饰，从中可以看出，西周时期已开始流行成套的金饰品。

此外，在北京市琉璃河的西周燕国墓里发现了一件木胎漆，器身上镶有3道金箔，下面两道金箔上还嵌有绿松石，这是发现最早的一件金平脱古器。

金平脱工艺的出现，说明金器工艺从商代发展到西周，已经有了小小的进步，而且这个工艺也可以看作金工艺寻求独立发展的萌芽。

尽管西周时期的金制品非常少见，但从已发现的实物来看，明显存在着地区差别。北方长城内外地区多纯金制成的首饰类器物，如金耳环、金臂钏等，而中原地区和西南地区却多用薄金工艺把黄金加工成箔片，然后贴、包于铜器和漆木器之上，起装饰作用。

如在甘肃省礼县大堡子西周晚期秦人墓发现的金饰片中，有金虎2件，鸱枭形金饰片8件，口唇纹鳞形金饰片26件、云纹圭形金饰片4件、兽面纹盾形金饰

平脱 将金、银纹饰用胶漆平粘于素胎上，空白处填漆，再加以细磨，使粘上的花纹与漆面平齐，叫"平脱"。所谓的金平脱技术，一般是将金片用漆粘在器物上之后，再在器物表面加涂漆液，有时要加涂几次，使漆形成一定的厚度，比饰件厚度稍厚。待漆干后，再将金饰片上的漆磨掉，露出饰件纹样，并使之与漆面平滑一致。

片2件、目云纹窃曲形金饰片2件，推定为棺木装饰。

其金虎长4.1厘米、高16厘米、宽3—4厘米。鸥枭形金饰片高52厘米、宽32厘米，以金箔剪裁而成，通身饰变形窃曲纹为翎毛，窃曲纹的余白中为形状各异的镂孔，使鸥枭形象异常富丽。

这两件金饰纹路清晰，凸凹起伏，犹如青铜器铸造出的纹样。它在捶揲中似采取了加底衬式冲模等高超的手段。从先秦各金箔饰物的具体状况来看，被金箔装饰的器物有铜器、玉石器、漆器、木器及衣帽等。

河南浚县辛村的西周墓发现的包金铜兽头一大一小，形制相同，大者长2.8厘米、宽2.8厘米，小者长2.4厘米、宽2.6厘米，铜兽头刻镂精细，外包金箔薄匀，花纹毕露。

墓中还有矛柄饰金箔24片，有条形、圆形、人字形、三角形等状，分贴于矛柄的各部位。

金箔贴于玉石器的器物，如陕西省扶风强家的西周墓发现的绿松石柄形器一件，顶端排列整齐绿松石片，并束有一圈金箔片。河南省洛阳北窑的西周墓发现玉柄形器的鞘饰上，也镶嵌有金箔片。

陕西淳化史家塬的西周墓人骨朽痕处有金片31件，亦应是衣物金饰，可分为方形和三角形两种，方形最大者长4.5厘米、宽3.5厘米，三角形最大者边长为2.5厘米。

掐丝是金器制作的基本技法之一，其

窃曲纹　周代的一种重要装饰纹样。又称穷则曲，是一种适应装饰部位要求而变形的动物纹样，是动物的简化和抽象化。周代打破了商代以来，以直线为主的装饰特点，也打破了对称格式。一般由两端回钩的或"S"形的线条构成扁长形图案，中间常填以目形纹，但又未完全摆脱直线的雏形，因而形成直中有圆、圆中有方的特点。

■ 鎏金青铜桶

做法是将捶打成极薄的金片，剪成细条，慢慢扭搓成丝，可以单股，也可以多股。另外还有拔丝，是通过拔丝板的锥形细孔，将金料挤压而入，从下面的小孔将丝抽出，较粗的丝也可直接捶打而成。

陕西、山西北部交界一带发现的西周时金耳环，通常称"珥"，共26件，形制相似，均是月牙形金片，一端呈螺旋形，另一端为伸出的金丝，或穿有一绿松石。

还有一种是圆圈形，发现于辽宁省朝阳魏营子西周墓，它是用金丝绕成两圈。内蒙古自治区杭锦旗阿鲁柴登西周末期墓葬发现的金锁链则由多股金丝编成，金丝细如毫发。

金银生辉

金银文化与艺术特色

阅读链接

西周时，在金器工艺中还发明了錾刻，《荀子·劝学篇》说："锲而不舍，金石可镂。"锲是用刀刻，镂是雕刻。可知先秦时代多用刻镂的方法加工金石器物。

在考古学中多称这种方法为錾刻或雕镂，它是在器物成形之后的进一步加工技术，多施用于花纹。从后世金器制造来看，錾刻工艺十分复杂，工具有几百种之多，根据需要随时制作出不同形状的錾头或錾刀。

一类錾头不锋利，錾刻较圆润的纹样，不致把较薄的金片刻裂，用肉眼就能观到錾刻的痕迹，由一段段的短线组成。另一类錾头锋利如凿子，錾出较细腻的纹样，在制作实施时又分两种，一种线条为挤压出来的，另一种线条为剔出来的。

錾刻技术产生出丰富多彩的艺术效果，有时为平面雕刻，有时花纹凹凸呈浮雕状，可在器物的表里同时使用。金器捶揲成形后，錾刻一直作为细部加工手段而使用，也运用在铸造器物的表面刻画上，贴金、包金物的纹样部分也采用此法。

清新活泼的春秋战国金银器

　　我国东周又分为春秋战国时期，社会变革带来了生产、生活领域中的重大变化。春秋战国时期，黄金白银的产量有了明显的增长，黄金在上层人士中的使用比较普遍，它既是诸侯、贵族之间相互馈赠、贿赂的礼物，是财富的象征，又是战争争夺的对象和祭祀用的供物。

　　与黄金一样，在春秋、战国时期，带钩普遍被王公贵族作为饰物佩戴在身上，尤其是金带钩材质高贵，造型奇特而别具匠心，也是当时身份的象征。

春秋纯金带钩

管仲（前719—前645），名夷吾，史称管子。他是春秋时期齐国著名政治家、军事家，周穆王之后代。管仲少时丧父，老母在堂，生活贫苦，为维持生计，与鲍叔牙合伙经商；后从军，到齐国，几经曲折，经鲍叔牙力荐，为齐国上卿，有"春秋第一相"之誉，辅佐齐桓公成为春秋时期第一霸主。

■ 竖线纹鳞形金饰片

带钩是古代扣接腰带的用具，始于春秋，流行于战国至汉。战国秦汉时期，带钩的使用非常普遍，形制也日趋精巧，长短不一，有短至2寸，有长达11寸的，但钩体都作"S"形，下面有柱。有竹节形、琵琶形、棒形、鱼鸟形、兽形等，其材质包括金、银、铜、铁、玉、玛瑙各类。

带钩不仅有束住丝带革带的实用价值及装饰美化作用，相传它还为齐国争霸立下了汗马功劳。古文献记载，春秋时鲁国管仲追赶公子小白，拔箭向他射去，正好射中公子小白的带钩，公子小白装死躲过了这场灾难，后成为齐国的国君，他不记前仇，重用管仲，终于完成了霸业。

带钩既是当时的服饰又有装饰意义，因此贵族们所用带钩的工艺特别考究，有些铜、铁带钩也是用包金、鎏金、错金银、嵌玉、嵌琉璃或绿松石等方法加工的，品种繁多，制作大多精致轻巧，是非常珍贵的艺术作品。

在春秋中、晚期，齐、燕、楚、秦等国就已经开始出现带钩。山东、河南、湖南、陕西、北京及辽宁等地的春秋至战国早中期墓葬中都有带钩发现。

如江苏省涟水三里墩战国墓发现的一件兽形金带钩，造型虽为怪兽却给人一种温柔可爱的奇妙感觉，线条圆润、流畅，做工精巧、细腻，整件

战国青铜鎏金带钩

作品既高贵又清新，鲜明地体现出了儒家人生既要艺术化又要以仁义为精神和依归的"乐教"传统。

这一兽形金带钩，系采用立雕、浅浮雕、阳刻等多种技法铸造制成，长12厘米，重275克，钩形似战国时期流行的琵琶样式。

纹样的风格和同期青铜器纹样的风格相一致。将带钩向上时，整个形象为一呈蹲坐状的怪兽，钩似马首，前肢抬起收于胸前，挺胸勾首，颇为生动。

马首靠近右眼脖颈处有一明显凹陷及一较细划痕，似为重物或尖锐器物所划伤。带钩中部即怪兽腹部颜色较深且粗糙不平，似被汗渍污染所致。

在鲁故城墓中也发现了近10件带钩，质地有银、铜、玉、铁等，制作工艺有鎏金、错金银、贴金和镶嵌等，堪称佳品。

如在一座墓中发现的兽头银带钩，根据位置和共存器物判断，此带钩是佩器钩。器作琵琶形，钩首作兽头形，器身弧形拱起，侧视呈"S"形，尾端雕饰卷角兽面纹。两道细凸棱使钩身正面呈瓦状内凹，背面一圆钮，长15.9厘米，宽2.5厘米。

战国时期的异形带钩主要为猿形，此外还有龙虎形、牛形、人形等，这些不仅是主人炫示身份的标志，还有辟邪保平安之意。

这一时期，金银器分布区域明显扩大，在南北方都有发现，金银器的形制种类增多。

其中金银器皿的出现，及相当一部分银器的出现，十分引人注目。大型金银器皿的出现是当时的重要标志，也是金银器发展迈出的

■ 刺猬形金饰件

具有划时代意义的一步。

中原地区，金箔作为装饰外包，在春秋时期仍然得到广泛使用，如在陕西省凤翔县马家庄春秋秦宗庙遗址中发现的春秋中期金泡，其中两件高3.5厘米，直径2.2厘米，重10.8克，其余高0.2厘米，直径1.82厘米，重5克。

马家庄春秋秦宗庙遗址的金方泡长2.2厘米，宽1.7厘米，重2克。该处还发现了春秋中期金节约多件，其中6件长2.1厘米，宽1.5厘米，重9.5克，一件长2.1厘米，宽1.5厘米，铜环直径4.7厘米。筒最大直径为0.9—1.8厘米，重2.2—7克。

在山东省沂水刘家店春秋中期墓中发现的嵌金漆勺上嵌有三角形、菱形压花金箔。在河南省信阳长台关的楚墓中发现了两件繁缨座，为木胎漆器，其正面的某些花纹部分就贴有金叶。这是漆器贴金的5件。其金箔大概是在漆将干未干时贴上去的。

在安徽省寿县春秋晚期蔡侯墓中发现了金箔12件，一部分出于墓主腰际，边有穿孔，其上压印花纹，有圆形、云形、燕尾形等，多是贴在漆皮上的，当为衣上装饰。

北方金银器主要有装饰品、兵器饰件和马饰具，造型以虎、豹、狼、鹰、野猪、怪兽、鹿、牛、羊、马等动物纹为主，也有少量几何纹、火焰纹。

如在山东省曲阜县鲁国故城遗址中发现的战国猿

节约 原为马器，是节制、约束的意思，古时将马使用的缰绳或皮条穿其而过，以此起到连接作用，使缰绳和皮条连为一体，达到控制马的目的。后来的"节约"一词是引申出来的意思。

火焰纹 传统寓意纹样。又称"背光"。火焰，是佛教中佛法的象征。古代佛像背面，多饰有各种火焰纹样。一般部位在尖拱颔中。以北魏石窟佛像最为习见，构成其艺术的一大特色。河南洛阳龙门石窟表现尤为细致，以宾阳洞、古阳洞诸龛为代表。

形银饰，通高16.7厘米。猿猴作回首攀缘状，姿态极其生动。背面有一圆钮，可能为带钩一类器物。

在辽宁省凌源县三官甸子春秋墓中也发现了一件金兽，长4.9厘米，高3.8厘米，重26.5克。金兽呈鹿形，制造者准确到捕捉了小鹿受惊回首、拔腿欲奔的一刹那。

这个时期，北方的匈奴地区也出现了金银器。器物多为具有浓郁草原文化特色的动物纹饰件。如在内蒙古自治区伊克昭盟杭锦旗阿鲁柴登战国墓中发现的唯一的"胡冠"标本鹰形金冠以及在陕西神木纳林高兔村一座匈奴墓中发现的一批包括金怪兽、金虎、银虎、银鹿等动物形象为题材的金银饰件。

在内蒙古自治区鄂尔多斯杭锦旗阿鲁柴登发现的战国金镶彩石虎鸟纹饰牌，长4.5厘米，以伏虎形图案为主，虎身镶嵌红绿色彩石7块，虎头上附加火焰状角纹，外围八鸟图案，突出鸟头，鸟身简化，这组饰牌反映了匈奴人对虎的崇拜。

在内蒙古自治区杭锦旗阿鲁柴登还发现了一件战国鹰形金冠饰顶，高7.3厘米，冠带长30厘米，周长60厘米，共重1.394千克。

由冠顶和冠箍两部分组成。冠顶傲立展翅雄鹰，鹰体由金片作成，中空，身及双翅有羽毛纹饰。

鹰首、颈由绿松石作

鹿 在古代被视为神物。古人认为，鹿能给人们带来吉祥幸福和长寿。作为美的象征，鹿与艺术有着不解之缘，历代壁画、绘画、雕塑、雕刻中都有鹿。现代的街心广场，庭院小区矗立着群鹿、独鹿、母子鹿、夫妻鹿的雕塑。一些商标、馆驿、店铺扁额也用鹿，是人们向往美好，企盼财运兴旺的心理反映。

■ 战国鹰顶金冠饰

金银之源

夏商两周金银器

成，颈间有带花边的金片，类似项链。头部用金丝从鼻孔插入，通过颈部与腹下相连；尾部另做，亦用金丝连接。

鹰下部为厚金片捶揲成的半球形体，表面从中心四等分为90度的扇面形，其上浮雕四组狼咬羊图案，狼作卧伏状，盘角羊前肢弯曲，后肢被狼咬住，作反转态。

整个冠顶呈现雄鹰俯视狼咬羊的生动情景。冠带由铸造的3条半圆形金条组成，前面有上下两条，中间及末端均有榫卯相合；后面一条两端有榫与前面一条连接组成头箍；左右靠近人耳处，分别浮雕卧伏的虎、盘角羊和马，其余部分为3股交错绳索纹。

该冠顶工艺精湛，雍容华贵，具有明显的北方骑马民族的装饰特点，为匈奴遗物中最有代表性的艺术珍品。

还有在新疆维吾尔自治区托克逊县阿拉沟的战国匈奴墓发现的金虎纹圆形饰，直径约6厘米，重21.2克。另一件金虎纹条形饰长26.5厘米，宽3.5厘米，重27.7克。

这些金饰中不仅有个体形象，而且出现了多种动物组合构图，如虎牛、虎狼、虎鹿等，以动物间争斗为装饰风格，打破了夏家店上层文化那种整齐规范的纹饰布局。

错金银龙凤纹车饰

在内蒙古自治区准格尔旗西沟畔匈奴墓中发现的战国金双兽纹牌饰，长13厘米，宽10厘米，重291.4克。动物的形象以写实为基调，个别形象予以夸张，具有抽象性。动物反转式和怪兽造型，又是受分布于黑海北岸、北高加索地区的游牧民族文化斯基泰文化的影响。

实物表明，北方金银器已分别采用了捶揲、压印、镶嵌、雕铸等工艺，无论是制造技术还是装饰技巧均已达到很高的水平，丝毫不亚于中原地区。

从金银器艺术特色和制作工艺来看，南北方差异较大，风格迥异。战国以后，楚文化和秦文化具有重大影响。而在中原地区的墓葬遗址中，以陕西省宝鸡市益门村秦国墓葬、河南省洛阳金村古墓、河南省辉县固围村魏国墓地、河北省平山县中山王墓的金银器最有代表性。

在河南省辉县固围村东周魏国墓地发现了一件包金镶玉嵌琉璃银带钩，带钩侧视弧曲如桥，俯视造型为当时流行的琵琶式。长18.4厘米、中宽4.9厘米，通体银镂，表面包金。两端浮雕方向相背的兽首。兽首有角，双耳如扁环。

带钩窄端镶一只鸭嘴状白玉钩，并以阴线刻饰口、眼等细部。钩背上嵌3枚谷纹白玉玦，两端两珠中心各镶一蜻蜓眼式琉璃珠。钩背两侧浮雕两条夔龙，与两只长尾鹦鹉，夹绕盘旋。带钩局部有点状凿饰，有的部分以黑漆勾线、点睛。

带钩工艺复杂，纹饰丰富，显示出战国时期金属工艺的高超水平。此带钩是一件罕见的大型银带钩。辉县战国时属魏，此带钩应是魏国贵族所有。

此外，在河南省洛阳金村战国末期周墓中发现嵌玉金带钩3件，金带钩作怪兽形，嵌玉透雕虺龙纹，

■ 战国鎏金嵌玉带钩

夔龙 神话中形似龙的单足神怪动物。《山海经·大荒东经》描写夔是："状如牛，苍身而无角，一足，出入水则必有风雨，其光如日月，其声如雷，其名曰夔。"但更多的古籍中则说夔是蛇状怪物。

■ 曾侯乙墓出土的金圆

为世所罕见。

在陕西省凤翔高庄春秋秦墓中发现的金带钩，山东省临淄郎家庄齐墓的2件金带钩、8件银带钩，钩身均形体细小、光素，钩首作马头或鸭头形，同属春秋晚期，是我国时代最早的金银带钩。

在河北省平山县中山王墓中发现的嵌金银带钩，江陵望山楚墓中的金错凤纹铁带钩，长达46厘米，如此之大的带钩较为罕见。

春秋战国时期，大量错金银器的出现，几乎成为这个时期工艺水平高度发展的一个标志。

从商代直到战国末期，在长达1000多年的漫长岁月里，中原地区的人民似乎一直沉迷在青铜器的光芒之中，对金银的使用只局限在装饰青铜器物。于是出现了我国早期的错金银工艺。

在河北省平山县的战国墓，是战国时神秘的中山国的王墓，在墓室的一角发现了一些错金银器。

如一对神兽的表面，用粗细不同的银片和银丝镶出变化无穷的斑纹，以强化神兽的神秘感。经过千年的埋藏，曾经光彩夺目的青铜器已经变成黑色，但是上面的错金银，却依旧闪烁着毫不褪色的光芒。

所谓错金银，就是先在铜器模范上做出错金银纹的槽路，器物铸造完成后，再把金银丝压嵌在槽路里面。

如中山王墓战国铜错金银四龙四凤方案，是战国时期第一次以实物造型来进行创作的。长47.5厘米，宽47厘米，高36.2厘米，方案下部有两牡两牝4只侧卧的梅花鹿环列，四肢蜷曲，驮一圆环形底座。

中间部分于环座的弧面上，立有4条神龙，分向四方。四龙独首双尾。龙身蟠环纠结之间四面各有一凤，引颈长鸣，展翅欲飞。上部龙顶斗拱承一方形案框，斗拱和案框饰勾连云纹。

此案动静结合，疏密得当，一幅特殊的龙飞凤舞图跃然眼前。方案案面原为漆板，已腐朽不存，仅留铜案座。它的造型内收而外敞，突破了商、周以来青铜器动物造型以浮雕或圆雕为主的传统手法。

另外，4只龙头上各有一个斗拱，第一次以实物面貌生动再现出战国时期的斗拱造型。方案周身用金银错饰以艳丽的纹饰。

此器造型复杂，各部为分铸后用铆接和焊接制成，有的地方曲度较大，是用接铸或失蜡法铸成。案框一侧沿口上刻有铭文10字："十四祀，右车，啬夫郭，工疥。"此器整体结构繁复适称，铸造工艺精湛，动物造型姿态优美，生动细腻，堪称稀世珍宝。

虽然春秋战国时期金银器的分布区域明显扩大，已知最早的金银器皿几乎均出自楚国统治区域，而中原及其他诸侯国，极少有金银器皿发现，说明楚人可能最先掌握了金银冶炼及制造技术。

春秋战国时期，南方地区发现的金银器虽然数量不多，但却十分引人注目。最为重要的发现当属湖北省随县曾侯乙墓发现的一批金器，其中仅金箔即达950件之多，它们大多贴在器物上作装饰，只因器物腐蚀而散落到墓室各处。这些金箔上还压印有各种纹饰。

在曾侯乙墓中还发现有5件金制器皿：金盏、勺、杯、盏盖及带钩。带盖金盏与金漏勺应是一套，带盖金盏共

战国错金银铜辕首

重2156克，为先秦金器之最。其中金盏通高11厘米，口径15.1厘米，仍然采用范铸工艺，盖顶中央有环形纽，盖边缘有两个边卡，可以与盏扣合，金盏底有"S"形凤足，近盏口有对称的两只环状耳，盖顶和盏口外沿均铸有繁缛的蟠龙纹和云雷纹。

金盏整个造型和纹饰及纹饰布局不仅吸取了青铜鼎的一些特点，而且还又自有创意，环形耳及"S"形凤足显得轻盈且秀气，盏为半球体，仅在盏口有一圈环带形纹饰，盏壁较薄，故盏身也显得并不厚重，但盏盖造型及繁密的纹饰呈环圈布局，而且盏盖略大于盏口，给人以强烈的凝重感。

盏内置镂孔金匕一支。匕身圆形，镂孔作变异龙纹，方柄，素面，通长13厘米，重56.4504克。

与金盏同时发现的金杯呈圆桶状，敞口束腰，平底有盖，腹上部有两个对称环耳，通体素面无纹，杯壁较厚，盖足圆拱形。杯通高10.65厘米，口径8.1厘米，重789.9克，系锤工艺制作而成，亦为先秦重器。

曾侯乙墓金盏

另外还发现了金器盖
两件；不见器身，一大一
小，圆拱形，盖面以麻点
纹为地纹，饰数周花纹。
大盖通高2.5厘米，直径
9.5厘米，重327.65克。小
盖通高2.2厘米，直径7.5
厘米，重157.35克。

曾侯乙墓金带钩发现于东室主棺内，器形完整。
钩鹅首形，长颈扁喙，素面光洁，均长4.4厘米，分别
重40.9克、43.2克、45.5克和46.6克。

还有形状不一的金箔，有圆形、半圆形、圆弧
形、方形、长方形、三角形、梯形、圭形、双沟形等
10多种。多数在表面上压印各种几何形图案，构图简
洁，少数光素无纹饰。厚0.037—0.378毫米，一般在
0.1—0.2毫米，每平方厘米重20—30毫克，估计是用
于粘贴铅锡饰物的。

特别是在曾侯乙墓中有462段金弹簧形器，用金
丝绕成，每根金弹簧器的圈数一般为18—25圈，长
约2厘米，圈经0.4—0.5厘米，金丝直径为0.1—0.05厘
米，含金量为87.4%。

这批金属簧形器称为"蚕形器"，是采用经拉丝工
艺制成的金属丝绕制而成形的，在金丝的表面有拉伸的
痕迹，这些拉伸的痕迹也与金属丝的长度方向一致。

从湖北省随县曾侯乙墓发现的金盏，采用钮、
盖、身、足分铸，再合范浇铸成形的制造方法以及各

圭 我国古代在祭
祀、宴飨、丧葬
以及征伐等活动
中使用的器具，
其使用的规格有
严格的等级限
制，用以表明使
用者的地位、身
份、权力。周代
玉圭，以尖首长
条形为多，圭身
素面，尺寸一般
长15—20厘米。
不同名称的圭是
赋予持有不同权
力的依据。

种器物大量使用青铜器常见的装饰纹样，可以看出，当时的金银工艺是在借鉴传统青铜工艺的基础上发展起来的。

战国时已经产生银器，如在河北省平山县三汲乡中山成王墓中发现有战国银首男俑铜灯，通高66.4厘米，通宽52.5厘米，人俑高25.6厘米，此灯为一站立的青年男俑执灯之形象。

男俑立于兽纹方座上，头部为银铸，壮发梳髻，发丝精细，罩巾缚带，浓眉短须，宝石镶睛，扁脸高颧，面带微笑。

该银首男俑身穿右衽广袖朱红云纹锦袍，腰系宽带以带钩连接。两臂张开手握双螭，右手一螭头上挺吻托灯柱，柱饰黑彩蟠螭和三角纹，并有夔龙戏猴，柱顶一灯盘；左手一螭向外卷曲，头上挺吻托一灯盘，其下有一大型灯盘，于内沿盘环一螭，头上挺吻顶上螭之中腰。每个灯盘内均有3个烛扦。

此器将实用性与装饰性有机地结合在一起，人物刻画细致入微，构思巧妙，且银与铜相结合的技法在国内十分罕见，故定为国宝。

此外，湖南省长沙近郊的公元前300年题铭的银皿等也较为有名。

阅读链接

战国时期，由于崇尚武力，所以描述动物的金银饰物特别多，如金镶彩石虎鸟纹饰牌、金怪兽纹饰牌、金站立怪兽纹饰片、金镶松石耳坠、银狼驮鹿纹牌、金豹噬野猪纹嵌宝石带扣、金卧虎形饰片、金虎咬牛饰牌、金刺猬形缀饰、银虎头形饰、金三鹭纹扣、金猎鹰形缀饰、金羚羊形饰、金鸟纹扣、金四鹰首纹饰、金虎狼咬斗带饰、金双鹰搏蛇纹饰牌、银虎吞羊项圈、金鹰形饰片、金双兽纹饰牌、银鹿、金怪兽纹带饰、金双鹿纹牌饰、金双怪兽纹牌饰、金双鸟头形饰、金狮形片饰等。

秦汉魏晋金银器

　　秦朝由于年代短促，遗留的金银器不多，仅在秦始皇陵出土的铜车上有所发现。其中金质的有金当卢、金泡、金项圈部件、纛座上镶嵌的金珠等，银质的有银、银镳、银事、银辖及银环、银泡、银项圈部件等，均系铸造成形。

　　错金银技艺在春秋中晚期开始兴起，到汉代，这种技艺已经成为我国传统金银工艺的主流，并且达到了相当高的水准。

　　三国魏晋时期的金银器数量较多，金银器的社会功能进一步扩大，制作技术更加娴熟，器形、图案也不断创新。在这个时期的墓葬中，经常可以看到民族间相互影响和融合的迹象。

秦朝王者之风的金银器

在春秋战国时期，秦国的金银器主要是金制品，银制品极为罕见。无论是黄金制品的数量还是从造型、工艺水平上看，秦国的金制品在诸侯国中都表现得最突出。

在陕西省凤翔秦都雍城地区的马家庄宗庙遗址、秦公一号大墓和凤翔西村秦墓中及始皇陵中，发现了黄金制品百余件，既有花纹繁复、造型独特的装饰品，如龙首蟠龙、盘蛇、鸳鸯金带钩、金兽面、金方泡、玉环金铺首等；也有做工精细、精美绝伦的实用器，如错金虎符、错金银铜鼎、鎏金蒜头壶、金洗、金环首铜刀等。

此外，秦国的一些铜

错金银铜鼎

铁器的柄部也饰有金柄，如在陕西省宝鸡市益门村春秋墓中发现有3件金柄铁剑。除秦公一号大墓的一件金箔系锻打之外，其他所有金器全是铸造成形，明显受到当时青铜工艺的影响。

根据凤翔和宝鸡等地所发现金器的规范程度和统一的造型风格推断，上述金器应是秦国官府作坊统一制造的，地方官府和在当时的客观条件下是不可能制造金器的。

秦始皇统一全国后，除黄金制造业外，还出现了银器制造，但仍以金器制造为主。此时的金制品已由礼器和装饰品向实用器发展，主要是一些大型车马的部件和饰件，很少有实用生活器皿。

秦朝由于年代短促，遗留的金银器不多，大多在始皇陵所出铜车上有所发现。陕西临潼秦始皇陵封土西侧20米处的一个陪葬坑里，发现两乘大型陪葬铜车马，一前一后排列，大小约为真人真马的二分之一。

■ 鎏金铜车马

秦始皇 （前259—前210），赢政，赢姓赵氏，故又称赵政，他是我国历史上著名的政治家、战略家、改革家。他是首位完成我国统一的皇帝，建立皇帝制度，书同文，车同轨，统一度量衡，把我国推向了大一统时代，对我国和世界历史产生了深远影响，被誉为“千古一帝”。

■ 秦代金牌

彩绘 在我国自古有之,被称为丹青。其常用于我国传统建筑上绘制的装饰画。我国建筑彩绘的运用和发明可以追溯到2000多年前的春秋时代。它自隋唐期间开始大范围运用,到了清朝进入鼎盛时期,清朝的建筑物大部分都覆盖了精美复杂的彩绘。

制作年代至晚在陵墓兴建时期,即公元前210年之前。铜车马主体为青铜所铸,一些零部件为金银饰品,各个部件分别铸造,秦代工匠成功地运用了铸造、焊接、镶嵌、销接、活铰连接、子母扣连接、转轴连接等各种工艺技术,并将其完美地结合为一个整体。

如秦陵二号铜车马的零部件中就有金制件737件,银制件983件。

一号铜车马为双轮、单辕结构,前驾4马,车舆为横长方形,宽126厘米,进深70厘米,前面与两侧有车栏,后面留门以备上下。

车舆右侧置一面盾牌,车舆前挂有一件铜弩和铜镞。车上立一圆伞,伞下站立一名高91厘米的铜御官俑。其名叫立车,又叫戎车、高车,乘车时立于车上。该铜车马共由3500多个零部件组成,总重约1040千克,其中金饰件3000余克,银饰件4000余克,车马通体饰有精美绝伦的彩绘。

该车伞杠上有圆管形错金银纹样两节,纹样环伞杠一周,上下两端各有一条宽0.35厘米的金银错粗环纹,及一条细线作为纹样的上下界。中间部分也有3组凸起的阳弦纹作为整个图案纹样分组的间隔条带。

由上向下数第一、第三两组阳弦纹上的错金银纹样基本相同,中间凸起的部分都是以金银错的横

"S"纹作为主题纹样，形成二方连续的环带纹。纹样与纹样之间也是以3条细金银错线相隔。

金银勒是控驭马的重要器具。一号铜车前所驾的4匹铜马的头上各戴一副。4副勒的形制、结构和编缀方法基本相同，大小相似。主要的连接点上缀有金质或银质的圆泡形节约，额部饰金当卢。

当卢为马头上的形的金饰件，勒套装于马头后，当卢则位于马额中央。长9.6厘米，最宽5厘米，厚0.4厘米。分上下两层，上层为金质，下层为铜托。两层大小、形状相同，连接在一起。

正面的周边有突起的状似流云纹的阳线边饰，中部为由两条左右相对组成的类似蝉纹的浅浮雕单独纹样交合为一的两条蟠虬纹。

金当卢背面的铜托上铸有4个纽鼻，两两相对。纽界内贯穿纵横呈"十"字形铜条，此铜条与托板、纽鼻铸连一起，用以连接金银勒上的链条，起节约作用。

金银生辉

秦汉魏晋金银器

蝉纹 蝉体大多作垂叶形三角状，腹有节状条纹，无足，近似蛹，四周填云雷纹；也有长形的蝉纹，有足，也以云雷纹作地纹。可能意味着蝉纹和饮食及盥洗有一定联系，其取义大约是象征饮食清洁的意思。蝉纹还有象征死而转生之意。

■秦代马具

位于马口两侧的链条上连接着银表和铜衔，位于喉革部分的链条上悬挂着铜丝扭结成的璎珞。左骖马和右骖马的勒除连接着银铆、铜衔外，还有铜橛以及连接衔、橛的圆片形铜构件。

秦代鎏金马镫

勒是套在马匹头部，用来控制马匹的核心部件。俗称马笼头，古代又名羁，亦称络头。《淮南子·原道训》："络马之口，穿牛之鼻者，人也。"古代马勒多以革带制作。革带相交处，常见以底部带有钮鼻的铜环或铜泡连接，称为节约。

秦陵铜车中的马勒则是用金银子母节连接成的条带构成，条带的交叉处用底部有钮鼻、表面铸花纹的金泡和银泡连接并装饰。

络有衔者谓勒，铜车马之衔由两节两端有环的铜棒相连而成，中间的小环相互穿接，两端的大环用于贯镳。镳为银质，呈弧形扁棒状，每副勒上两根，与勒系连为一体，分别位于马嘴两侧。

铜衔横穿马口，通过两端的衔环贯连银镳，使镳形成夹持马嘴之态势。《说文·金部》："衔，马勒口中也，从金从行。衔者，所以行马者也。"

鎏金马镳

关于镳，《释名·释车》："镳，苞也，在旁包其口也。"因镳与衔相连，故误释镳为衔；认为镳在马口旁是对的，又误说作用是包敛马口。

金银文化与艺术特色

镳的形状以弯月形居多，有的呈上尖下粗的牛角形，有的呈拉伸的"S"形。其质地有角、木、铜、银、玉、象牙等，铜镳占多数。

镳在实用功能之外，还以其质地和纹饰的不同表示尊卑，是马具中表示车主的身份的部件之一，很受人们重视。《后汉书·舆服志》记载，皇帝的乘舆"象镳镂锡"，王公、列侯的车"朱镳朱鹿"。

秦陵铜车中的8匹马皆银镳、金银勒，尽显高贵之气。

马勒套络于马匹头部，勒上系着辔绳，御者手握辔绳控驭马匹。御者根据需要做出不同的牵拉操作，辔绳另一端的衔、镳就会对马的口部施加不同的压迫，受过训练的马匹自然会遵从御者的指挥行动。

假如需要马匹停步或慢行，御者在发出口令后，只需同时牵拉双侧的辔绳，受到双侧辔绳共同作用的铜衔，就会向后勒挤马口。在铜衔的勒挤下，马匹便会做出扬头顿蹄的动作，随之停止或放慢脚步。

假如需要指挥马匹转向，御者在发出口令后，只需牵拉朝向一侧的那根辔绳，受其作用，马口中的铜衔便会被拉向该侧；此时，铜衔另一侧穿插的镳就开始发挥作用，既阻止铜衔抽脱马口，又逼迫马头向牵拉一侧转动。在辔绳、铜衔的带动和镳的迫使下，马匹必然按照御者的要求转向。

通过马勒在控制马匹中所起的作用，特别是衔、镳的功能和用法，便清楚地展现了衔镳相连、随辔而动的场景，还可以生动地诠释"分道扬镳"这句成语的原始含义。两人分别，各自牵动马辔，勒上之镳随之扬起，车骑转头绝尘而去。

一号铜车的车舆呈横长方形，前面的左右两角成弧形钝角，后面的两角为直角。横宽

■战国金块

金银生辉

金银文化与艺术特色

74厘米，纵长48.5厘米。舆的四面装有軨。前有轼，后面为敞口车门。前侧车转上端与轼之间以弧面形的掩板相连，使舆的前部形成半封闭的空间。

前軨的上部偏左装有银弩辄两个，承托着铜弩的弓背，弩臂置于轼和掩板上。形状和大小相同，长12.3厘米，辄的后部呈长方筒形，前部有一含口，含口的上唇短，末端向下微勾呈鸟状，下唇长而斜向上方弯曲，末端呈鸭首形向前平伸，整个下唇的形状犹如鸭举颈昂首。其上侧及左右两个侧面铸有浅浮雕状的流云纹。

辄的作用有二：一用以承弓，二用以张弩。

鸳鸯莲瓣纹金碗

此外，秦俑坑的5个探方内也发现有金节约、金泡等。陕西省兴平发现的秦代错金银云纹犀尊也是那时的珍品，通高34.1厘米。造型雄奇浑厚，壮健有力。两眼前视，双角上竖。犀身整体以错金银云纹为饰，云纹细如游丝，运线流利生动。表现了秦代工艺匠师的高度技艺。

除陕西省以外，在山东省淄博窝托村西汉齐王刘襄陪葬器物中，还发现了银器130余件，其中有一件公元前214年制造的鎏金刻花银盘，制作精细，装饰讲究。

鎏金刻花银盘高5.5厘米，口径37厘米，重1705克，直口，平折沿，折腹，地微内凹。口沿及内外腹壁錾刻3组龙凤纹，每组布局疏密适宜，采用二方连续的环状图案，龙凤纹为"S"形结构，宛如流动的几何图形。3组龙凤纹上下相互叠压交错，龙首张口回顾，凤首卷曲，颈饰凤羽。

盘内底中心錾刻3条盘龙纹。龙首张口，额顶有角，躯下有足，龙尾弯曲与另一条龙相衔接。构图于规整中寓变化，线条古朴、抽象，而又流畅、华美，呈现出自由奔放、活泼秀丽的神秘感。

器身内外装饰纹样采用满地装，龙飞凤舞，布满全身，显得繁缛华丽。银盘制作工艺精湛，錾刻娴熟精致，纹饰处全部鎏金，银色的质地，金色的纹饰，交相辉映。

盘口沿底面和外底刻有铭文47字，外底所刻"御羞"，即"御馐"。御馐归属少府，管理帝王膳馐原料，也提供给帝王美食，因此，这件银盘系专供帝王美食之用。

这一件银盘刻花鎏金，纹饰錾刻得极为

龙凤纹 一种典型的装饰纹样，描绘龙与凤相对飞舞的画面，故名。龙为鳞虫之长，凤为百鸟之王，都是祥瑞之物。龙凤相配便呈吉祥，习称"龙凤呈祥纹"。龙给人威严而神秘，不可亲近，只可敬畏；凤象征着和美、安宁和幸福，乃至爱情，让人感到温馨、亲近、安全。

■秦代鎏金项链

精致，可以看出秦代艺人娴熟的技巧。而且，所呈现的花纹规整、细腻，有很强的韵律感，应该说是在当时已有相当水平的工匠和很像样的作坊了。

在刘襄墓中还发现了两件略小的银盘，饰波折纹、花叶纹和云龙纹等，纹饰上全部鎏金。

根据对这些金银配件的研究已能证明，秦朝的金银器制作已综合使用了铸造、焊接、掐丝、嵌铸法、锉磨、抛光、多种机械连接及胶粘等工艺技术，而且达到了很高的水平。

阅读链接

秦代金银器虽然发现得并不多，但从文献记载分析，秦代的金银器数量应是相当大的。因秦陵地宫至今尚未发掘，真实情况还不得而知。

秦陵铜车的马勒上各有一件叶形的金饰件，勒套装于马头后，叶形金饰位于马额中央。饰件的正面以浅浮雕形式塑出二者交合为一的两条蟠虺纹；背面有四组鼻，用以穿连勒带，同时起着节约的作用。《秦始皇陵铜车马发掘报告》及诸多介绍文章，均将此饰件定名曰当卢，但实际此物的本名应是钖或镂，当卢是其俗称，出现较晚。

使用镂钖的车马，一般级别规格较高，当卢即当颅也，名称与佩带的位置有关，是后世的俗称。以当卢注镂钖，正说明当卢名称较晚，世俗皆知。当卢一般无雕饰，无级别限制，使用比较广泛。

秦陵铜车是皇帝乘舆车队中的马车，级别高贵，马额中间的叶形金饰雕刻花纹，是古代镂钖的典型形象，称其为当卢不够精确。

富丽堂皇的汉代金银器

汉王朝是充满蓬勃朝气的大一统封建帝国，国力十分强盛。在汉代墓葬中出土的金银器，无论是数量，还是品种，抑或是制作工艺，都远远超过了先秦时代。

汉代金银器工艺在前代的基础上，又获进一步的发展。为满足需要，所制器物极为精致、豪华。

如在河北省满城西汉中山靖王刘胜夫妇墓中发现的单鎏银盒，湖南省长沙五里牌和五一街东汉墓中发现的银碗、银调羹等。

除饮食具外，更多的是各种金银装饰品。如在江苏省邗江甘泉山汉墓中发现大批黄金首饰，其中的对金胜由两个相对的三角

镶绿松石鎏金带钩

形和圆形组成,圆形凸起如球面,用绿松石掐丝镶嵌圆心,外有小金球组成一圈连珠纹,制作甚为精美。

汉代有的金银器除镶嵌绿松石等材料外,还饰以人物、动物等,如在河北省定县汉墓中发现的金银错狩猎纹铜车饰,呈竹管状,表面有凸起的轮节。

将车饰分为4段,用金银错装饰以狩猎为主题的花纹,并嵌有圆形和菱形的绿松石,其间饰有人物及象、青龙、鹿、熊、马、兔、狼、猴、羊、牛、猪、狐狸、獐、鹰、鹤、孔雀等动物形象,并穿插以菱形纹、波纹、锯齿纹。

整个车饰构图饱满,气魄宏大,风格瑰丽,反映了作者丰富的想象力和卓越的技巧。

金质的动物如在江苏省盱眙县发现的西汉金兽,通高10.2厘米,身长16厘米,身宽17.8厘米,重9000克。空腹、厚壁,浇铸成形。

金兽下盖着一个精美奇特的铜壶,壶内装满了金器,其中9块半金饼重达2864克,15块马蹄金、麟趾金重达4845克,11块金版"郢爰"重达3260克。黄金总重量超过20千克。

金兽呈蜷伏状,头枕伏于前腿上,屈腰团身,首靠前膝,耳贴脑门两侧,头大、尾长、身短而粗壮,似虎更类豹。附耳瞪目,张口露齿,神态警觉,颈部戴三轮项圈,头顶有一环钮。

■ 汉代金兽

通体斑纹是在兽体铸成后再捶击上去的，大小相当，呈不规则的圆形，十分精美。底座空凹，内壁刻有小篆"黄六"两字，为秦汉文字。"黄"指质地为黄金，"六"为序数。

错金银技艺在春秋中晚期开始兴起，到汉代，这种技艺已经成为我国传统金银工艺的主流，并且达到了相当高的水准。

如中山靖王刘胜王后的陪葬品中发现了一些错金银器物，一件"朱雀衔环杯"上复杂多变的花纹都是用金线错出来的。

049

■西汉朱雀衔环杯

朱雀衔环杯通高11.2厘米，宽9.5厘米。以衔环朱雀脚踩一四足双耳兽为主体造型。杯内外饰错金柿蒂纹，座饰错金卷云纹。

朱雀衔环蠹立于两高足杯之间的兽背上，通体错金。朱雀展翅翘尾，双翅羽毛向上卷扬，呈展翅欲飞状，轻轻盈盈地凌空取势，神采飞扬，喙部衔一能自由转动的白玉环。

不禁让人联想到古代《说卦传》中的"乾，为天为环"之说：正像圆环的无始无终一样，天道的运行亦是循环往复以致无穷无尽……这枚玉环更为朱雀衔环杯增添了神秘色彩。

朱雀所踏四足双耳兽匍匐，四足分踏在两高足杯底座上。在这里，兽的突然介入，不仅调节了朱雀双

朱雀 亦称"朱鸟"，古代神话中的南方之神。又可说是凤凰或玄鸟。朱为赤色，像火，南方属火，故名凤凰。它也有从火里重生的特性，和西方的不死鸟一样，故又叫火凤凰。天界四大圣兽之一。

金银生辉

秦汉魏晋金银器

汉代鎏金动物一组

腿之间的跨度，也从意象上渲染了神雀凌驾万物之上的傲然风度。

朱雀衔环杯通体鎏金，其间还点缀有30颗翠绿色的松石，松石分为圆形和心形两种，其中颈和腹部嵌4颗，杯外每一个杯分别嵌13颗，共26颗。

朱雀，是我国古代神话中一种寓意吉祥的神鸟。因其神态昂然，气度非凡，极具唯我独尊的风范，所以，古代王室及贵族之家所用器物上多饰以朱雀形象。

除此之外，墓葬中最炫目的宝物是一盏长信宫灯。作为灯体的宫女显得金光闪闪，但是它并不是纯金制品，而是用鎏金的技艺制作的。

汉代长信宫灯

西汉之初，刘揭在消灭吕后的势力中立下了汗马功劳，因此被封为阳信夷侯。汉景帝时期，刘揭的独生子因参与"七国之乱"而被废除了爵位，他的财产被没收，进入了长信宫，其中就包括一盏做工精巧的青铜灯。

长信宫是汉景帝时皇太后窦氏居住的宫殿，这盏灯被送入长信宫浴府使用，故又增加了"长信宫"字样的铭文以示宫灯易主。

后来，这盏"长信宫灯"又由窦氏送给她心爱的孙儿刘胜。刘胜之妻窦绾将铜灯视为珍宝，死后将灯随她埋入河北省满城县中山靖王刘胜夫妻墓中。

此灯的形态为一跪地执灯的梳髻覆帼、着深衣的跣足年轻侍女，手持铜灯。整件宫灯通高48厘米，重15.85千克。由头部、右臂、身躯、灯罩、灯盘、灯座6个部分铸造组成，头部和右臂可以组装拆卸，便于对灯具进行清洗。

宫灯部分的灯盘分上下两部分，刻有"阳信家"铭文，可以转动以调整灯光的方向，嵌于灯盘沟槽上的弧形瓦状铜版可以调整出光口开口的大小来控制灯光的亮度。右手与下垂的衣袖罩于铜灯顶部。

宫女铜像体内中空，其中空的右臂与衣袖两片弧形板合拢形成铜灯灯罩，可以自由开合。燃烧的气体灰尘可以通过宫女的右臂沉积于宫女体内，不会大量散到周围环境中。灯罩上方部分残留有少量蜡状残留物，推测宫灯内燃烧的物质是动物脂肪或蜡烛。

灯盘有一方鋬柄，内尚存朽木，座似豆形。宫灯表面没有过多的修饰物与复杂的花纹，在同时代的宫廷用具中显得较为朴素。

灯座底部刻铭文9处，共65字，内容包括灯的重量、容量、铸造时间和所有者等。如："长信尚浴，容一升少半升，重六斤，百八十九，今内者卧。"

宫灯通体鎏金，光彩熠灼。宫女身穿长衣，衣袖宽大，她面目端庄清秀，凝眸前视，目光十分专注，头略向前倾斜，神情恭谨、小心翼翼，表现出一个下层年轻宫女所特有的神态。宫女双手持灯，左手持灯盘，右臂上举，宛如举灯相照的神态。

长信宫灯采取分别铸造，然后合成一整体的方法，此灯设计之精巧，制作工艺水平之高，在汉代宫灯中首屈一指。

长信宫灯形象秀美，设计精妙，将灯的实用功能、净化空气的原理和优美的造型有机地结合在一起，整个造型自然优美、舒展自如、轻巧华丽，一改以往青铜器皿的神秘厚重，是一件既实用又美观的灯具珍品，体现了古代匠师的创造才能以及当时的科学技术水平。

刘胜墓同时发现的一件错金青铜云纹博山炉高26厘米，腹径15.5厘米，圈足径9.7厘米。炉身呈半圆形，炉盘上部和炉盖铸出高低起伏的山峦。

博山炉汉代开始出现，多为铜铸，后代多有仿作。香炉的肇始起因于焚香习俗。西汉初期，汉武帝之前，已经有了许多专用于焚香的香炉。古人多采用焚烧香料的办法驱逐蚊

■ 汉代鎏金博山炉

蝇或去除生活环境中的浊气。特别是在南越，熏香的风气更盛。但那时所用香炉造型大多非常简单。

汉代神仙方术流行，人们多向往长生不老的仙境。汉武帝嗜好熏香，也信奉道教。道家传说东方海上有仙山名为"博山"。

武帝即遣人专门模拟传说中博山的景象制作了一类造型特殊的香炉，即博山炉，博山炉盖作尖锥状山形，仿佛传说中的海上仙山。

刘胜墓发现的这件错金青铜云纹博山炉，炉盖呈尖锥状博山，因山势镂孔，雕塑出生动的山间景色。通体用金丝和金片错出流畅、精致、舒展的云气纹，金丝有粗有细，细的犹如人的头发丝一般。座把呈透雕三龙出水状，龙首顶托炉盘，象征着龙为沟通天、地、人三界的神兽。

炉盘装饰以错金流云纹。盘上部铸出峻峭起伏的山峦，奇峰耸出，山林间饰错金线神兽出没、虎豹奔走，轻捷的小猴蹲踞在高层峰峦或骑在兽身上嬉戏玩耍，猎人们出现在山间，有的肩负弓弩，有的正在追捕逃窜的野

西汉鎏金嵌玉饰品

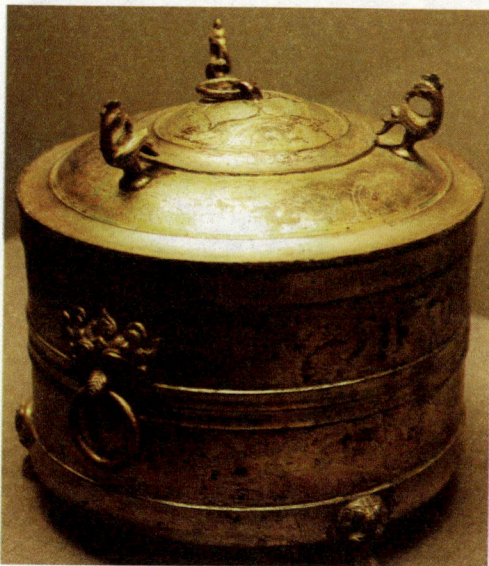

■西汉鎏金彩绘铜卣

金银生辉

金银文化与艺术特色

刘向（前77年—前6），原名更生，字子政，西汉经学家、目录学家、文学家。散文主要是奏疏和校雠古书的"叙录"，较有名的有《谏营昌陵疏》和《战国策叙录》，叙事简约、理论畅达、舒缓平易是其主要特色，流传下来的有《新序》《说苑》《列女传》等书。

猪，气氛紧张，画面生动。两三棵小树点缀其间，刻画出了一幅秀丽山景和生动的狩猎场面。

当薰香点燃时，香烟透过峰谷间铸有的空隙缭绕于山间，产生山景迷蒙，群兽灵动的奇异效果。炉器座较低，座把由透雕的3条蛟龙跃出波涛翻滚的海面，盘成圈足，以龙头擎托炉盘随风飘荡的流云。

被"错金错银"工艺装饰过的器物表面，金银与青铜呈现出不同的光泽，彼此之间相映相托，将图案与铭文衬托得格外华美典雅，色彩对比、纹饰线条更加鲜明，艺术形象更为生动。该作品色彩黑、黄呼应，工艺精湛，装饰华美，是一件古代青铜珍宝。

汉时博山炉有竹节形长柄薰炉和短柄龙座薰炉等形制，而以短柄博山炉最为常见，其器身较短，较适合于当时席地而坐时置于席边床前或帏帐之中。而另一类长柄炉多适用于宴会等公共场合。

武帝之后，博山炉依然十分流行。据载，汉宣帝时的博山炉上还刻有刘向作的铭文：

嘉此王气，嶻岩若山；上贯太华，承以铜盘；中有兰绮，朱火青烟。

据《西京杂记》记载，汉成帝时，长安的著名工匠丁缓，就曾制作了极为精巧的九层博山炉，镂以奇禽异兽，"穷诸灵异，皆自然运动"。

丁缓还做出了更为著名的放在被褥里用的"被中香炉"，其原理与现代航空陀螺上的万向支架完全相同。

博山炉盛行于两汉与魏晋时期。后来，这种炉盖高耸如山的博山炉逐渐演变成香炉的一个固定类型。后世历代都有仿制，并各有变化，留下了各式各样的博山炉。

虽然在博山炉之前已经有了熏炉，但都不像博山炉那样特点明确，使用广泛，影响久远，所以人们也常将博山炉推为香炉的鼻祖，并常把"博山""博山炉"用作香炉的代称。

进入东汉以后，鲜卑、乌桓、柔然、敕勒等民族在草原上逐渐强盛，尤以鲜卑的金银器最具特征，从时代上分为3个阶段。

东汉时期以装饰品为大宗，以狼、野猪、鹿、驼、马、羊、神兽等动物造型为主。其表现形式，有以写实为基调的单体动物，也有将动物重叠、排列，图案规范整齐的同种动物的重复组合。

总体上说，金银器中最为常见的仍是饰品，金银器皿不多，金质容器更少见，可能因为这个时期鎏金的做法盛行，遂以鎏金器充代之故。

汉代由于社会长期相对稳定，统治阶级

鎏金银竹节铜熏炉

金银生辉

秦汉魏晋金银器

拥有大量黄金，甚至铸造金饼、马蹄金投入流通领域。

我国自商周以来加工黄金所用的制箔、拔丝、铸造等技法，这时仍继续沿用。金箔除裁成条状用于缠裹刃器的环首等处外，还剪成花样以贴饰漆器。

如在湖南省长沙与广西合浦的西汉墓中，都发现过金平脱漆器，或从这类漆器上脱下的人物、禽兽形金箔片。金丝多用于编缀玉衣，在各地出玉衣的大墓中曾大量发现。

至于铸造的金带钩、金印等物，在汉代更不乏其例。比如，内蒙古自治区准格尔旗西沟畔的匈奴墓西汉包金花草纹带饰，长9厘米。包金卧羊带饰，长11.7厘米。

就制作技术而论，汉代黄金细工最重要的成就是发明了金粒焊缀工艺，即将细如粟米的金粒和金丝焊在金器表面构成纹饰。

在河北省定县八角廊的西汉墓中发现的镶有琉璃面的马蹄金和麟趾状金饰，在器壁上部焊有用小金粒

■马蹄金与麟趾金

汉代金饼

组成的连珠纹带。

河北省定县北陵头村东汉墓所发现的金龙头，不仅其金粒和金丝的组织更加精巧，连龙角上都缠以纤细的金丝，其上还镶嵌有绿松石和红宝石。

在乐浪古墓与新疆省博格达沁古城址中所发现的金质龙纹带扣，式样相仿，上面均有1条大龙和6条小龙出没于缭绕的云气之中。其构图之生动，工艺之精细，已臻汉代金银器之极致。

江苏省邗江甘泉镇汉墓出土的王冠形金饰直径1.5厘米，重2克，金饰上之重环纹是用细如茺籽的小金粒焊成的。

同时发现的一件龙形饰物，残长4.6厘米，重2克，在豆粒大小的龙头上竟能以细小的金粒、金丝构成眼、鼻、牙、角、须等器官，特征毕具，历历可辨。

这一汉墓中有盾形金饰、品形金饰各一件，盾形饰高1.5厘米，宽1厘米，厚0.5厘米，重2.3克，品形金饰高2.1厘米，宽1.5厘米，厚0.6厘米，重4.7克。

此外，在邗江甘泉东汉墓中还发现有空心金珠，是用2件较大的和12件较小的金圈拼焊成24面空心球体，再在各金圈相连接处，以4枚小金粒堆焊出24个尖角。

汉代鎏金龙头

金缕玉衣

在该墓中还发现有"广陵王玺"金印，通高2.1厘米，边长2.3厘米，重123克。

西汉时国力超前强盛，四方番国齐来朝见，因此朝廷也以贵重的金印来赐给地方番王，除上述"广陵王"金印外，最著名的是古南越王金印和滇王金印。

西汉南越王墓位于我国广东省广州象岗山上，是西汉初年南越王国第二代王赵眜的陵墓。

在秦末楚汉相争之际，时任南海郡尉的赵佗吞并桂林、象郡，于公元前203年建立南越国，定都番禺。南越国疆域基本就是秦朝岭南三郡的范围，东抵福建西部，北至南岭，西达广西西部，南濒南海。

从赵佗最初称王以后，南越国共传5代王，历时93年。开国之君赵佗僭称南越武帝，第二代王赵眜为赵佗次孙，公元前137—公元前122在位，在《史记》中被称为赵胡，僭称文帝，第三代王赵婴齐为赵眜之子，死后称明王，皆筑有陵墓。

赵眜的南越王墓劈山为陵，墓室仿照生前宅居筑成，后部主室居中，为墓主棺椁主室，墓主身穿丝缕玉衣，随身印章9枚，最大一枚为"文帝行玺"龙钮金印，此外，还有螭虎钮"帝印"。龟钮"泰子"金印以及墓主"赵眜"玉印等。

南越王墓中金印是在国内首次发现的汉代帝王金印，被称为"镇

金银生辉

金银文化与艺术特色

墓之宝"的是那枚"文帝行玺"金印，在传世或发现的秦汉印章中，未见一枚皇帝印玺，只有文献记载。

据文献所载，帝印都是白玉质印、螭虎钮印，印文是"皇帝行玺"或"天子行玺"；而南越国赵眜这枚帝印却是金质印、蟠龙钮印，印文是"文帝行玺"。这是金印的独特之处，是南越国自铸、生前实用之印。

这枚"文帝行玺"金印是正方形，印台长3.1厘米，宽3厘米，高0.6厘米，通钮高0.6厘米，重148.5克，含金量非常高。印面呈田字格状，阴刻"文帝行玺"4个小篆体的字，书体工整，刀法刚健有力。

蟠龙钮是一条龙蜷曲的样子，龙的首尾和两足分置在4个角上，似腾飞疾走，印面槽沟和印台四周壁面都有碰撞和划伤的痕迹，而且还遗留着一些暗红色的印泥。印台背上的龙，有些部位磨得十分光滑，说明这枚金印是墓主人生前日常行使王权的大印。

南越王墓"太子"金印和"右夫人玺"金印都不是龙钮，而是龟钮。"太子"金印也是首次被发现，在传世印玺中未曾见过。其中"右夫人玺"金印通高1.6厘米，边长2.2厘米；"太子"金印通高1.5厘米，长2.6厘米，

玺　我国印章最早的名称。秦以前，无论官、私印都称"玺"。自秦代以后专指帝王的印。秦统一六国后，制定一系列等级制度，当时规定"朕"仅为皇帝专用，皇帝印章独称"玺"，其材料用玉，臣民只称"印"，且不能用玉。汉代基本沿袭秦制，但制度已略放宽，也有诸侯王、王太后称为"玺"的。

059

秦汉魏晋金银器

■ 南越王赵眜的金印

宽2.4厘米。

按秦汉礼制规定，只有皇帝、皇后的印才能称"玺"，其他臣属的印是不能称"玺"的。皇帝用玺并非只有一种，而是有多种。例如，用于赐诸侯王的"皇帝之玺"、用于封国的"皇帝行玺"、用于发兵的"皇帝信玺"、用于册封外国的"天子之玺"等。

"皇帝玺"被视为"传国玺"，历代统治者视为保国镇疆之宝，正所谓"得宝者得天下，失宝者失天下"。而赵眜的"文帝行玺"是个人专用，不往下传，因此死后用于陪葬。

历史上发现的印不少，但大多是铜质、玉质或水晶质的，很少发现有金印，只有12枚，12枚金印中属东汉的有8枚，属西汉的有4枚，仅南越国便占了3枚。

南越王墓的金器除金印外，还有金带钩、金花泡和杏形金叶，均是饰物。而金花泡普遍被认为是海外输入的"洋货"。

南越王墓中有一件白色的银盒特别引人注目，那闪闪发光的花瓣尤为突出。这个呈扁球形的银盒，通高12厘米，腹径14.9厘米，重572.6克。在主棺室，盒内有10盒药丸。

从造型、纹饰和口沿的鎏金圈套等工艺特点来看，银盒与我国传统的器具风格迥异，但与古波斯帝国时期遗物相似。经化学分析、鉴定，认为是波斯产品，银盒里的药丸很可能是阿拉伯药。因此，银盒并非南越国制造，而是海外舶来品，具有重要的历史价值。

南越王墓金印

南越王墓的银器除了银盒外，还有银洗，银卮和银带钩，都是越王室的专用器具。7件银带钩工艺十分精美，有5种式样、钩首有雁头形、龟头形、龙头形和蛇头形等。

■ 汉代鎏金虎符

特别是主棺室中的那件银带钩，通长18.4厘米，呈弓状，镶嵌宝石并饰以凸浮雕。龙头形的钩首饰以卷云纹和腾跃的飞虎。

复杂的纹饰，发光的宝石，通体鎏金，显得高贵华丽，是很好的工艺精品，反映了主人高超的制作工艺和审美观点，从中也可看出当时人们的生活风尚。带钩的用途，主要用于扣接束腰的皮带，还可以用于佩剑和钩挂刀剑、钱袋、印章、镜囊及各种饰品。

在西汉南越王墓中，还发现了我国唯一的错金铭文铜虎节，堪称孤品。

它高11.6厘米，长19厘米，厚1.2厘米，造型生动有趣，铜虎为一扁平板虎，昂首挺胸，呈蹲踞之势；它露齿张口，弓腰瞪眼，威风凛凛，十分气派；其尾巴卷曲成"8"字形，前后足下有浅槽，头和足的转折处及脸部的皱纹均以短线勾勒出来，十分清晰；铜虎全身黑色，但身上的斑纹颜色艳丽，是用贴着金箔片的弯叶形浅凹槽表示的，极富立体感。

"节"，在我国古代是一种信物，是使者持有的一种凭证。这件错金铭文铜虎节的正面有错金铭文

洗 是文房四宝笔、墨、纸、砚之外的一种文房用具，是用来盛水洗笔的器皿，也是历朝代皇宫贵族文人收藏和使用的佳品。洗最早见于西晋青釉制品，敞口、宽折沿、阔腹直壁、平底。洗沿和里心多刻画水波纹。宋代以后均有烧制。如仿古铜器式样的青釉双鱼洗、鼓钉洗、圆洗、单柄洗、葵瓣洗、委角洗、蔗段洗、莲花洗、桃式洗、叶式洗等。

■ 汉代镀银铜镜

金银生辉

金银文化与艺术特色

掐丝 古代金工传统工艺之一，是将金银或其他金属细丝，按照墨样花纹的弯曲转折，掐成图案，粘焊在器物上，称为掐丝。是景泰蓝制作中最关键的装饰工序。掐丝技术起源很早，可能与金工艺的包镶技术有联系。掐丝珐琅约在蒙元时期由伊朗传至我国。

"王命命车徒" 5个字，说明这是一件调动车兵的信符，它应该是南越文王赵眜生前调兵遣将的令符。

发现于云南三晋宁石寨山古滇王族墓葬群的滇王金印，是公元前109年汉武帝赐予滇国国王的一枚金印，是古滇王国存在的证据。

距今2000多年前的公元前5世纪中叶至公元1世纪初，滇池沿岸曾经有过一个被称为"滇"的古代王国。据说是战国后期秦楚交战时，楚国将领庄蹻率军误入了滇地，被秦军断绝了归路而留在当地建立滇国。长期以来，由于缺少文献记载，滇国的情况十分模糊。

《史记》记载，公元前109年，汉武帝为打通由四川经昆明通往西域的蜀身毒道，兵临滇国，滇国国王举国投降，归顺中央王朝，于是，汉武帝赐予他滇王之印，复长其民，同时在此设置益州郡，将其纳入版图。这枚发现于墓漆棺底部的滇王金印通体完好如新。印作蟠蛇钮，栩栩如生地雕刻了一只身体蜷在一起的蛇，蛇背有鳞纹，蛇首抬起伸向右上方。

印面每边长2.4厘米，印身厚0.7厘米，通纽高1.8厘米，重89.5克。纽和印身是分别铸成后焊接起来的。文乃凿成，笔画两边的凿痕犹可辨识，篆书，白文4字，曰"滇王之印"。

我国云南自古便被称为"动物王国"。在潮湿多雨的森林里，就常有毒蛇出现。而且，蛇的前进速度很快，不好射杀，非常令当地人恐惧。慢慢地，滇人对蛇的恐惧又转化为一种崇拜，蛇的形象也成了象征平安的图腾，常常被装饰在青铜器当中。

滇王之印的存在，把一个虚无缥缈的滇王国真实地呈现在人们眼前。

到了汉代，银器的使用范围已较广，制作工艺有锤、錾刻、镶嵌、焊接、模压、浮雕、包金、掐丝等多种技法。容器如银、银盒、银盘、银碗等均曾发现。小件服御器如银带钩、银指环、银钏、银铺首、银车马具等，数量更多。

其中造型最新颖的是上面所说齐王墓陪葬坑中发现的一件带盖的银豆，盖与腹均饰以花瓣形凸泡。同型之器在云南晋宁滇国墓与广州象岗南越王墓中也发现过。

这种以凸泡组成的花纹在我国非常罕见，然而在古波斯阿契美尼德王朝的金银器上却是常用的装饰手法。故上述银器或曾受到西方的影响。

齐王墓陪葬坑中还发现了两件西汉银盘，器腹均饰以鎏金花纹。而金花银盘即所谓"镂银盘"在唐代曾成为金银器中最主要的品种。齐王墓陪葬坑之例说明，这种技法在汉代已出现。

西汉时期，北方匈奴民族吸收汉文化

豆 我国新石器时代的陶器名，像高脚盘，本用来盛黍稷，供祭祀用，后渐渐用来盛肉酱与肉羹。作为礼器常与鼎、壶配套使用，构成了一套原始礼器的基本组合，成为随葬用的主要器类。

金银生辉 秦汉魏晋金银器

■ 汉代鎏金银胡瓶

汉代金盘

的因素，出现了银匙、银箸等饮食器，用途扩大。造型和装饰艺术在继承战国遗风的基础上又有了创新，出现了动物与自然环境的图案。

匈奴民族的金银器，造型独特、工艺精美，掀起了北方草原地区金银器发展的第一次高峰。

中原和南方地区的金银器，大体看来，与北方匈奴少数民族地区金银器的形制风格截然不同，多为器皿、带钩等，或是与铜、铁、漆、玉等相结合的制品，其制作技法仍大多来自青铜工艺。

此外，包金青铜器和以金、银镶错的技艺也十分兴盛行，并有很多杰出的创造。

阅读链接

"错金错银"工艺到了战国时期已经发展得十分成熟，不仅容器、带钩、兵器等使用"错金错银"，在车器、符节、铜镜和漆器的铜口、铜耳等处，也大量使用精细的"错金错银"纹饰。

因为这种工艺制作复杂，材质昂贵，所以当时也只有贵族才能使用。而东汉以后，盛极一时的"错金错银"工艺逐渐被当时的战乱淹没了。

传统金银技艺始终没有脱离青铜工艺的传统技术，直到汉代以后，我国金银器才开始走向它独立发展的道路。

异域风情的魏晋金银器

三国魏晋南北朝时期，朝代更替频繁，然而另一方面，各民族在长期共存的生活中，逐渐相互融合，对外交流进一步扩大，加之佛教及其艺术的传播，使这个时期的文化艺术空前发展。这些在金银器的形制纹样发展中，都曾打上了明显的烙印。

三国魏晋时，文化艺术空前发展，金银器物、金银装饰流行成为风气。当时，中原战乱频繁，南方社会经济却有较大发展。

因此，南方金银饰物较多。在湖北省鄂城西山铁矿工地吴墓中，

魏晋时期鎏金狮子

明器 指专门为随葬而制作的器物。又称冥器。一般用陶瓷木石制作，也有金属或纸质的。除日用器物的仿制品外，还有人物、畜禽的偶像及车船、建筑物、工具、兵器、家具的模型。在我国，从新石器时代起即随葬明器。明器是考察古代生活和雕塑艺术的有价值的考古实物。

曾发现了金银镯、金银钗、金珠、金瓣、金鸳鸯、金银戒指、银项链、银唾盂等47件。

在广东省广州市皇岗晋墓中，也发现了金小狗、金银镯、金银戒指、银钗、银耳挖、银顶针等23件。

在江西省南昌于公元263年的东吴墓发现有"花形金饰"，上面雕有"大吉"文字。

江苏省南京江宁区汤山街道上峰社区周良村发现了一座前后一线排列的三室西晋朝墓葬，墓中的一具木棺中，藏着数量惊人的随葬明器文物，其中还包括10多件极为罕见的金器。有金簪、金冠饰、步摇金饰等，金饰精致细密，亮丽如新，虽经过1700多年，依然能够放射出金色光芒。

其中一套4枚金质冠饰保持得极为完好。尤其是一枚"蝉形金珰冠饰"，据史料记载，能够使用金珰冠饰的人地位不低，至少是侍中以上的官员或者宫中的高级别女官。

江苏省镇江高淳及江西新干酒厂西晋墓，也都发现了银镯、银环、银发簪等首饰。

北方的金银器，属于曹魏时期的仅在安阳大司空

■ 金头钗

一座砖室墓中，发现了银镯、银丝指环。在北京市顺义大营村西晋墓中，发现有金银手镯、金银戒指、银臂钏、银指环、银发钗等14件，这是在北方西晋墓中发现金银饰物最多的墓葬。

西晋王朝国力不足，对众多游牧民族采用分封的怀柔政策。在内蒙古自治区乌兰察布市凉城县小坝子滩沙虎子沟的窖藏金银器中，先后发现"晋鲜卑归义侯"和"晋鲜卑率善中郎将"等金印。印中的"归义""率善"等字样都反映了这一史实。

晋鲜卑归义侯金印，由纯金制成，高2.8厘米，边长2.2厘米，重88.4克，方形，印上方为蹲踞式骆驼钮。这枚金印是西晋王朝赐给鲜卑族首领的印信。

同时发现的晋乌丸归义侯金印，长2.25厘米，宽2.3厘米，是西晋王朝赐给乌桓族首领的印信；晋鲜卑率善中郎将银印，长2.15厘米，宽2.15厘米。这两方印也均为驼钮。

墓内还发现多件具有拓跋鲜卑特点的金牌饰，内中有长9.5厘米的兽形金牌饰，高4.1厘米的镶嵌杂宝石兽形金饰件，长9厘米的兽形金饰件，高3厘米的兽形饰金戒指，还有金耳坠。

在一件长10厘米的四兽形金饰牌的背面，錾刻有"猗笆金"3字，猗即拓跋鲜卑三部之一猗部，可见这是该部首领的遗物。

捶揲的金牌饰，显示了拓跋鲜卑与匈奴文化的联系。以狼、狐和马纹为主要题材的牌饰，反映了鲜卑的民族特色。

东晋时期的金银器，在江苏省南京象山359年王丹虎墓中发现金

鎏金银冠

■ 虎形金饰牌

瑞兽 是原始人群体的亲属、祖先、保护神的一种图腾崇拜，是人类历史上最早的一种文化现象，并从远古时代一直沿存至今。我国古代有四大瑞兽，分别是东方青龙、南方朱雀、西方白虎、北方玄武，另外还有麒麟也是我国古代的一种瑞兽。

钗、金簪、金环25件，王廙墓中发现了金刚石戒指、金铃、金环、金银钗、金银簪等饰物。

发现最多的是南京郭家山一座东晋早期墓，除金钗、虎形金饰外，共有129件金饰件，其中有束腰、葫芦、圆片、鸡心等形状金片及饰件，还有金花、金珠、银铺首、银柿蒂、银兽蹄、小银环等。

在南京曹后村东晋墓中也曾发现金花、鸡心形金片、银铺首、银栉背、银环、银镯、银钗。宜兴的周鲂、周处、周玘等6座墓及丹阳被认为是齐景帝萧道生的陵墓，都发现了不少金银饰物和金质小动物。这些金花饰物在已发现的东晋金银器中最具特色。

北魏时期的金银器，内蒙古自治区呼和浩特市美岱村的发现较重要，在美岱村宝贝梁北魏墓中发现了兽形饰金戒指，戒面有小动物，用细小金粒镶出花纹，并嵌绿松石。同时还有菱形金片，各式金花、金钗。

在内蒙古自治区科尔沁左翼中旗希伯花鲜卑墓中

发现的北魏金瑞兽，长9厘米，高7.7厘米，形似一奔走的瑞兽。造型奇特，具有浓郁的鲜卑民族特色。

在河北省定州城东北角佛寺塔址下，公元481年的石函中，也发现了金银器多件。宁夏回族自治区固原雷祖庙北魏夫妇墓，发现了金耳环一对、银耳杯一件，耳杯形似羽觞，圈足有连珠，可看出北魏金银器制作中的外来影响。

河北省赞皇南邢郭村东魏司空李希宗夫妇墓，发现有金戒指一枚，镶嵌蓝灰色轻精石，中心以连珠围绕一鹿纹。还有银杯一件，敞口、浅腹、圈足。杯壁装饰面划有S瓣，口沿饰连珠一周。杯底焊有六瓣莲花装饰圆片，有很高的工艺水平。

在河北省吴桥县东魏墓中发现有金簪、银钗、金箍形器。在山西省太原北齐娄叡墓中发现金饰一件，镂空，嵌有珍珠、玛瑙、蓝宝石、绿松石、玻璃等，组成华美的图案，颇为罕见。

此外，在宁夏回族自治区固原北周李贤夫妇墓中共发现了10件金银器，其中镶嵌青灰色轻精石的环状金戒指，与李希宗之金戒指颇相似。另外还有银提梁壶、银熨斗、银剪刀、银镊子、银钵、银勺、银筷子等。这是北朝金银器皿发现最多的一座墓葬。

内中最值得注意的是一件鎏金刻花银壶，长颈，鸭嘴状流，上腹细长，下腹圆鼓，单把，高圈足，把顶铸一深目高鼻胡人，壶颈、足等处有三周连珠纹饰。

壶身有人物图像，6人3组，第一组为战士出征前夜闺房情恋场面，第二组为次晨明誓告别场面，第三

魏晋时期金币

鎏金双鱼银碗

组为女子向战士祝福的场面，纹饰、图像有着浓郁的罗马风格。

从西方输入的类似金银器，最早发现于山西省大同北魏窖藏中，其中海兽纹曲沿银洗、鎏金刻花银碗的造型和植物花纹、人物装饰等，都有西亚特色，为中西交通史增添了新资料。

同时，随着佛教及其艺术的传播，两晋南北朝时期金银器的制作和功能亦颇受影响。在江苏省镇江东晋墓中发现一件金佛像牌，呈长方形，正面线刻有裸体全身佛像，头顶灵光，面带稚气，应为释迦出世童像。这种用于佛教奉献的金银制品在唐宋以后极为常见。

还有北魏青铜镀金释迦牟尼佛坐像，高40.3厘米，重3954克。释迦牟尼佛结跏趺坐于双层台座之上，右手作无畏印，左手握衣角，身着袒右肩式僧祇支，外披大衣，双肩衣纹如火焰般外扬，面部神情庄严，气势雄伟。

背光内圈的四佛和头光中的三佛共同形成七佛，背光外圈"U"形火焰纹熊熊围绕，和主尊气势相映，增益雄浑气势，体积虽小，和北魏帝室营造的云冈第二十窟主尊风格相近，是北魏太和时期金铜造像的新样式。

尊像和台座合铸而成，背光另铸。青铜胎质致密，镀金厚且与胎连接紧密，金色黄带赤，做工精良。双层台座，上层为须弥座，仰覆莲瓣，

北魏鎏金如来坐像

台侧饰以唐草文，座前两立雕狮子，回首转身，姿态威武。下层方形座，开波浪状门，两侧均雕供养人，上排唐草文连环成排，台座雕刻精致。

背光后面布局错落有序，雕刻精巧，共分3层。上层中央一塔，释迦和多宝佛并坐其间，塔外左右两侧文殊持如意与手握尘尾的维摩诘相对而谈，表现《维摩诘经·文殊问疾品》的场面。

■ 古代佛教金器

中层中央为释迦牟尼佛在鹿野苑初转法轮，两侧各两比丘跪坐、菩萨胁侍。下层中央诞生佛一手指天一手指地，左侧摩耶夫人攀树而立，太子自右胁诞生，右侧龙王浴佛，帝释天和梵天跪坐两旁。

下层最外侧两长方形榜题，字迹已不清。背光不仅内容丰富，且构图安排秩序井然，场景紧凑，无疑是公元5世纪的精品。

该尊造像保存完整，台座背光均存，雕刻精湛，纪年清晰，内容深刻，兼具艺术性、历史性与宗教性，是世界上现存重要的金铜佛教造像。

鲜卑族起源于东北，是我国古代历史上第一个在中原建立王朝的北方少数民族，是唯一经历了从森林走向草原，进而入主中原的北方民族。在漫长的迁徙过程中，历尽艰难，可谓"山高谷深，九难八阻"。

两晋十六国时期，北方鲜卑拓跋部的金银器造型

如意 又称"握君""执友"或"谈柄"，由古代的笏和瘙痒挠演变而来，多呈"S"形，类似于北斗七星的形状。明、清两代，如意发展到鼎盛时期，因其珍贵的材质和精巧的工艺而广为流行，以灵芝造型为主的如意更被赋予了吉祥驱邪的含义，成为承载祈福禳灾等美好愿望的贵重礼品。

北魏镶松石金耳环

仍以动物为主，分单体、群体和动物咬斗3种类型，多为虎、熊等一类凶猛的食肉动物。单体动物采用铸造、圆雕、镶嵌工艺，表现兽的全身和兽面。群体以同种动物两两相对或相背排列，构成整体图案。动物咬斗表现凶猛动物对温驯动物的撕咬场面。

动物纹的写实性艺术较强，有的造型融写实与抽象为一体，多采用模铸，结合平面浮雕、透雕、圆雕的工艺，间有圆雕与镶嵌结合的手法，增加了动物造型的立体效果和直观艺术。

而慕容部金银器的纹饰则为花树、云朵、龙凤、鹿、羊、佛像、粟粒等，从总体上看，具有草原特征的动物纹不再占有主要地位，退居次位的动物纹采取图案化处理，外来文化纹饰种类的比例增多。

北魏时期，鲜卑金银器以素面较多，动物造型多为羊、马首、牛首、龙，出现了具有波斯风格的装饰艺术。

采用模铸、焊接、金珠细工、镶嵌、錾刻、冲凿等工艺，尤其是金珠细工和镶嵌的结合，成为这一时期金银器工艺的一个显著特征，此为北方草原地区金银器发展的深化期。

从发现的器物情况来看，这个时期的金银器数量较多，金银器的社会功能进一步扩大，制作技术更加娴熟，器形、图案也不断创新，较为常见的金银器仍为饰品。

在我国古代，鲜卑或匈奴都是马上的剽悍民族，他们身披斗篷，手握缰绳，看远处一片排山倒海之势，就是奔跑的马群扬起了一片沸腾的黄沙。

金银文化与艺术特色

他们也有悠闲的时刻，一对热恋中的情侣，骑着马儿，徜徉在蓝天、白云、青草和羊群之中，马鬃随风飘起，马的躯体伴着马头琴的悠扬曲调而轻轻颤动，就如受到音乐感染的听众一样兴奋不已。

游牧民族离不开马，游牧民族的工艺品中也离不了马和其他草原动物的题材。如发现于内蒙古自治区科尔沁左翼中旗希伯花鲜卑人墓中的一件金奔马，就是一匹以简约手法创作出来的深具异域风情的金器。此金奔马高5厘米，长8厘米，链长13.5厘米。其用途很显然是项饰，因为马颈部和臀部各铸一环以穿链。

与金奔马同一墓中还发现了一件颇具鲜卑装饰特色、造型极为新奇的金瑞兽，可惜原镶嵌物已经失落。

步摇冠起源于西方，约公元前后正式形成。然后向东传播，横越欧亚大陆，经我国传入日本，流行时间长达600余年。在我国兴起于汉代，晋以后盛行。

比如，在内蒙古乌兰察布盟达茂旗西河子村窖藏中发现的两件北朝金步摇冠，冠分两种形状：

第一件头部轮廓似牛首，高19.5厘米，宽14.5厘米，重92克。头部边缘饰鱼子纹，内作连弧纹装饰。在牛首之面部及双耳镶嵌红、白石料，耳作桂叶形，角似盘曲多枝的连理扶桑树，又像变形的鹿角，每

鎏金动物

个枝梢上环穿桃形金叶1片，共14片。

第二件则具有马头特征，高18.5厘米，宽12厘米，重70克。头额部原镶嵌料石，现已脱落，眉梢上端另加一对圆圈纹，所有花纹和脸框周围饰鱼子纹。面部嵌白、淡蓝色料石。

竖耳，耳朵作尖桃形，内嵌白色料石。角作三枝并列向上，分叉处嵌桃形白、绿色料石。枝梢环穿桃形叶片。

这两件金步摇冠工艺精湛，外观华丽，是鲜卑族贵妇所特有的头上装饰，当步行时头部摇动，叶片随之颤动，所以谓之"步摇"。这一时期的步摇金饰非常多见，如在辽宁省北票县北燕冯素弗墓中也有重要发现。

冯素弗为十六国时期北燕天文冯跋之弟，是北燕的缔造者之一，死于公元415年。冯素弗墓中有各类遗物500多件，除鸭形玻璃注外，"范阳公章"龟钮金印、"大司马章"鎏金铜印、带有捶揲佛像的金冠

扶桑 是古代神话中海外的一种大树，据说太阳从这里升起。扶桑在上古时代，成为中华文化的一个重要特征。扶桑代表了我国先民的宇宙观。扶桑与太阳的联系是观测太阳时建立起来的。"九日居下枝，一日居上枝。"是说"十日"依次经过，与羲和生十日相合。

■ 晋代金步摇冠

饰及两只鎏金木马镫都是罕见的珍品。

其中龟钮金质"范阳公章"与鎏金铜质"大司马章",说明北燕的官制和印制皆用汉制。龟钮金印、金冠饰、人物纹山形金饰、镂空山形金饰片等,这些金银器既有汉族传统文化的特色,又有北方游牧民族的风格特点。

冯素弗墓步摇金冠的形制下为"十"字形的梁架,上为穿缀活动金叶的顶花,其冠前饰片有的捶揲佛像,说明早期佛教的东传和在北燕的发展。

鎏金錾花马镫

而冯素弗墓中的两只马镫以桑木为心揉作圆三角形,上出长系,外包钉鎏金铜片,是早期马镫中有确切年代的一副,是研究马具的发展和断代的重要资料。

当时属于东胡的鲜卑族慕容部崛起于辽西,建立后燕,而汉人冯跋在其基础上又建立了北燕。几进几出中原的史实,使这几个墓中的物品既有表明汉制贵族身份的特征,又有鲜卑族游牧生活的反映,这件金饰本身就集中表现了以上两种文化互相影响、互相融合的风格。

另外,在辽宁省北票房身村石棺墓内,除了发现金质的指环、镯、钗、铃、珠和一些透雕或月牙状的金饰外,还有两件金花冠饰。

其中大冠通体都用黄金做成,高28厘米,从根基部突起一脊,两边镂空为云纹,周边还布满着针孔。上面是短而粗的树干,分成3个主柱,又分出16个分枝。枝是用金丝做成的,边前伸边间断地缠绕成若干个圆环。

这些圆环中,有的穿上一枚金叶,有的就空着,散散落落、疏密相间,陡添了几分自然的韵味。而且,风吹枝颤,金叶抖动,定会一

东晋镂雕金佛

阵铮铮作响。加上人行头摆，更增加一种通过韵律所表现出来的动感。

同一县内接连发现多件相当同一时期的随葬物，而且这一件与冯素弗墓中的金冠非常相似，从这里看到了公元3世纪时鲜卑族与汉族的空前大融合。这时的银制品仍然非常少见，在辽宁省义县保安寺村石椁墓内，发现了一件圆银箍上伸出两只向上反卷银钩的银头饰。

另外，在一长方形金牌饰上，捶揲出3只回首站立的鹿纹，形象与内蒙古自治区乌兰察布盟二兰虎沟发现的相似，反映了鲜卑慕容与拓跋两族之间的联系。

076

金银生辉

金银文化与艺术特色

阅读链接

魏晋南北朝时期金银器的特点：金银器以饰物为主，容器少见；从中亚、西亚输入的金银器及装饰物数量颇丰；西方的形制或制作工艺在这一时期的饰物与容器上都有反映，对隋唐时期金银器的风格也有较强的影响。

但是，这个时期的金银器皿仍不多见，且所见大多带有外来色彩。如山西省大同市小站村封和突墓中发现的鎏金银盘、银高足杯和银耳杯等，除耳杯外，鎏金银盘和银高足杯均为波斯萨珊朝制品。

隋唐五代金银器

隋统一全国后大量使用金银作为饰物，因此促进了隋唐金银器手工业的发展。

唐代在金银器制作工艺方面，既善于总结和继承前人的成就，又思路开阔，吸收消化外来文化中的丰富营养，创造出一种五彩斑斓、璀璨夺目的崭新文化。造型精美、结构巧妙、装饰典丽的金银器比比皆是。

五代十国时期，我国经历了分裂割据的半个世纪，但是江南保持了相对的稳定，手工业得到继续发展。特别是吴越、后蜀等小国在金银制造方面还取得了相当大的成就，江苏、浙江等地成为主要生产地。五代时期的金银工艺基本继承了唐代晚期的风格又有所发展。

五彩斑斓的隋唐金银器

　　从公元3世纪汉代结束至公元6世纪隋朝建立，随着商贸交流的日益兴旺，文化交流也逐步扩大和深入，各个民族相互融合，丝绸之路还带来了西方工匠的工艺和作品。

　　隋统一全国，高度繁荣的社会经济，大量使用金银作为饰物，因此促进了隋唐金银器手工业的发展。我国古代的金银器制作因此迎来了一个新的时代，而这些金银器有比较明显的外来文化的痕迹。

唐鎏金双狮纹银碗

　　隋朝历史较短，因此金银器也较少，最具代表性的是陕西省西安市李静训墓中的金银器，其中以嵌玛瑙蓝晶金项链最为精致。

根据墓志和有关文献得知，李静训家世显赫，她的曾祖父李贤是北周骠骑大将军、河西郡公；祖父李崇是一代名将，年轻时随周武帝平齐，以后又与隋文帝杨坚一起打天下，官至上柱国。

公元583年，在抗拒突厥侵犯的战争中，李崇以身殉国，年仅48岁，追赠豫、息、申、永、沧、亳六州诸军事、豫州刺史。

李崇之子李敏，就是李静训的父亲。隋文帝杨坚念李崇为国捐躯的赫赫战功，对李敏也倍加恩宠，自幼养于宫中，李敏多才多艺，《隋书》中说他"美姿仪，善骑射，歌舞管弦，无不通解"。

开皇初，周宣帝宇文赟与隋文帝杨坚的长女皇后杨丽华的独女宇文娥英亲自选婿，数百人中就选中了李敏，并封为上柱国，后官至光禄大夫。

据墓志记载，李静训自幼深受外祖母周皇太后的溺爱，一直在宫中抚养，"训承长乐，独见慈抚之恩，教习深宫，弥遵柔顺之德"。

然而"繁霜昼下，英苕春落，未登弄玉之台，便悲泽兰之天"。公元608年，李静训殁于宫中，年方9岁。皇太后杨丽

杨坚（541—604），也就是隋文帝，我国隋朝开国皇帝。他在位期间成功地统一了百年严重分裂的中国，开创先进的选官制度，发展文化经济，使我国成为盛世之国。

唐炼丹用银盒

华十分悲痛，厚礼葬之。

李静训墓中最著名的随葬品是一件通体华光闪烁、异彩纷呈的嵌玛瑙蓝晶金项链。这条价值不菲的项链戴在小女孩颈上，可见是她生前常佩戴的一件心爱饰物。

该项链由28个镶嵌珍珠的金球穿缀而成，每个金球上嵌入10枚珍珠，金珠分左右两组，每组14个，其间用多股金丝链索相连。上端为金扣环，双钩双环，嵌刻鹿纹及方形、圆形青金石，下端为圆形和方形金饰。

项链的最中间有一颗艳红的鸡血石，鸡血石下挂着一块水滴形的蓝水晶坠饰，晶莹透明。项链的接口处由3件镶嵌青金石的金饰组成，其中一块青金石上雕刻了一只雄鹿。

大概由于墓主人是女性的缘故，该墓中有大量贵重精美的首饰，如镶嵌珠宝的金手镯、金戒指、衣饰上的金花、银指甲套等金银饰品。雕琢精细，技艺高超，反映了隋代金银细工的高水平。

除此之外，随葬品中还有波斯风格的高足金银杯和波斯萨珊王朝的银币等来自西方的物品。

公元618年，唐朝建立，我国进入到空前繁盛的时代，这是一个兼容并蓄而又充满了自信的时代，也是我国古代金银器技艺璀璨多姿的新时代。

到了唐代，首先宫廷对

唐代银盒

金银生辉

金银文化与艺术特色

金银器皿的需求数量就相当惊人。诗人王建在《宫词》中写道，"一样金盘五千面，红酥点出牡丹花"，虽不乏夸张，但也反映了唐宫廷大量使用金银器的事实。

唐代金银器的制作中心在都城长安，这里设有官办的"金银作坊院"，是专门为宫廷打造金银器的手工业作坊。到唐宣宗大中年间，又成立了专给皇室打造金银器物的"文思院"，可能是因为"金银作坊院"的产品已难以满足皇室的需求。

■ 鎏金熊纹六曲银盘

唐代金银细工的工艺技巧，已颇为复杂精细，使用了钣金、浇铸、焊接、切削、抛光、铆镀、捶打、刻凿等技术。为取得最佳的效果，多数产品在制作过程中都综合运用几项不同的工艺技术。

唐代在金银器制作工艺方面，善于总结和继承前人的成就，创造出一种五彩斑斓、璀璨夺目的崭新文化，因此造型精美、结构巧妙、装饰典丽的金银器比比皆是。其中，以陕西省西安市南郊何家村窖藏最为抢眼，共有金银器270件，器物有碗、杯、壶、盒、熏球、钗、龙等。

这些金银器不仅造型优美，而且纹饰生动、活泼，把动物形象、花草以及人物等有机地结合在一起，空间施以鱼子纹，使金银器更加灿烂夺目。

鱼子纹 指瓷器开片中由于纹路交错，形成许多细小眼者。因其状如鱼子，故名。宋代的汝、官、哥窑都有这种产品。以宋代哥窑产品最为著名。开片又称冰裂纹，按颜色分有鳝血、金丝铁线、浅黄鱼子纹，按形状分有网形纹、梅花纹、细碎纹等。

唐玄宗（685—762），李隆基，世称唐明皇，他就任以后，在皇宫里设教坊，"梨园"就是专门培养演员的地方。唐明皇极有音乐天分，乐感也很灵敏，经常亲自坐镇，在梨园弟子们合奏的时候，稍微有人出一点点儿错，他都可以立即觉察，并给予纠正。

■ 银饼

一些造型特殊的作品，如鎏金舞马衔杯仿皮囊银壶等，其形象生动，富丽华美，体现了匠师非常丰富的想象力。

何家村舞马衔杯仿皮囊式银壶，仿游牧民族的皮囊式水壶造型，通高18.5厘米，口径2.2厘米，底径8.9—9.2厘米，重547克。

壶的造型采用的是我国北方游牧民族皮囊的形状，壶身为扁圆形，一端开有竖筒状的小口，上面置有覆莲瓣式的壶盖，壶顶有银链和弓形的壶柄相连，这种形制，既便于外出骑猎携带，又便于日常生活使用，表现了唐代工匠在设计上的独具匠心。

银壶的两侧采用凸纹工艺各塑造出一匹奋首鼓尾、跃然起舞的骏马。壶上的骏马就是唐代有名的舞马形象。

《明皇杂录》记载，唐玄宗曾在宫中驯养舞马400匹，每年农历八月初玄宗生日时，则给这些舞马披上锦绣衣服，踏着"倾杯乐"的节拍，跳舞祝寿。

高潮时，舞马跃上3层高的板床旋转如飞，有时还让壮士把床举起，让马在床上表演，而少年乐工则站在周围为马伴奏。

也有诗描写舞马完成表演后的神态："更有衔杯终宴曲，垂头棹尾醉如泥。"此壶的舞马形象正好与书中记载相互印证，是十分难得的文物珍品。

唐朝初期政权统一，很多少数民族移居中原，其中包括很多契丹族人。而这件文物恰是少数民族文化与中原文化交流和融合的产物。

此壶的制作工艺非常独特。壶盖帽为捶揲成形的覆式莲瓣，顶中心铆有一个银环，环内套接了一条长14厘米的银链与提梁相连，壶肩部焊接着一端有3朵花瓣的像弓箭形状的提梁。

■ 唐舞马衔杯纹银壶

壶身是先将一整块银板捶打出壶的大致形状，再以模压的方法在壶腹两面压出两匹相互对应奋首鼓尾、衔杯匍拜的舞马形象，然后再将两端黏压焊接，反复打磨致平，几乎看不出焊接的痕迹。

最令人称奇的是在壶身中央、壶腹两个侧面用模具冲压的奇异的舞马图，这匹马身躯健硕，长鬃披颈，前肢绷直，后肢弯曲下蹲，口中叼着一只酒杯，其上扬的马尾和颈部飘动的绥带显示出十足的动感。

据考证，这是一匹正在舞蹈的马。绥与"寿"谐音，再现了为唐玄宗祝寿时的壮观场面。

唐代许多文人曾写下很多关于舞马的诗句，如"屈膝衔杯赴节，倾心献寿无疆，更有衔杯终宴曲，垂头掉尾醉如泥"就是形容舞马衔杯祝寿这一独特的宫廷娱乐活动的。

在何家村发现的金银器皿，展现了盛唐年间的金

舞马 指马中能舞者。舞马，堪称马中的艺术家，它们高大、擅长表演，有极好的音乐感受能力。舞马是马匹在社会生活应用中最有特色的一种。舞马主要来自出产良马的亚欧草原地区，马舞艺术也伴随舞马传播进来，并在中原地区发扬光大。到唐代时，朝廷时舞马的训练和管理形成了一套比较完善的制度，而舞马艺术也达到灿烂的鼎盛时代。

金碧辉煌

隋唐五代金银器

鎏金五足采带银熏炉

银器风采。这一时期的金银器皿仍然受到外来文化的影响。

像高足杯、折棱碗和器身凸凹变化的器物很流行，而这些大多是从中亚一带流传过来的器形。纹饰风格也同样明显带有异域文化的色彩。在一只银盘的盘底中央，用浅雕手法装饰了一只纯金的熊，憨态可掬。

类似的还有在内蒙古自治区喀喇沁旗哈达门沟发现的唐狮纹银盘，高6.7厘米，口径40厘米，盘作六曲葵花形，敞口，圆唇，浅腹，宽折沿，下有三足，呈卷叶形。

盘心捶揲行狮，狮回首怒吼，颈披长鬣，尾部上翘，腿有肘毛。折沿亦饰捶揲花卉，共6组，纹样皆鎏金。

雄狮形象逼真，肌肉饱满，孔武有力，姿态威猛雄沉，极好地表现了百兽之王不可一世的气派。

盘心仅饰一狮，主题突出，仅在细部加以錾刻，分量极少，盘内除主纹外不再加饰其他纹样，这是初、盛唐时期银器装饰的重要方法之一。而中唐以后，錾刻的地位逐渐变得十分重要，纹样也更加满密，表现风格注重于体现线条的韵味，而不是以体面转折的体积感为追求。

狮原不产于中国，西汉时始由西域贡入。唐代狮纹比较写实，与后代程式化的狮纹有所不同。此盘造型、

狮子纹银盘

纹样风格以及制作工艺均具有明显的盛唐特征，是唐代前期同类器物中的代表作。

在域外金银器工艺的启示下，我国工匠逐渐创制出具有中国风格的精美作品。从唐代金银器来看，其在艺术造型方面颇具特色，一般的盘、杯、盒、壶等器皿，都很注意外形轮廓的变化。

如大型金花银盘，盘口的外轮廓都呈菱花形或葵花形，线条弧曲流畅，规律匀称而有变化，给人以丰润华美之感。

造型最为精巧的是熏球，即香炉，如西安市南郊唐窑藏镂空錾花银熏球，径4.5厘米，链长7.5厘米，在上下两半球上透雕精美纹饰，以便香气向外散发。

金花银盘内部设有两个同心圆机环，机环有轴以承托香盂，无论球体怎样转动，香盂都仍可保持平衡，这充分显示了唐代金银匠师的高超技艺。

再如三层五足银熏炉，高3.5厘米，腰围38.5厘米，银熏炉由盖子、笼子和炉子身3部分组成，壁上有5个环状钮，各系吊环，既可放置又可悬挂。

唐代金银器不仅种类繁多，而且纹饰极为丰富。其特点是，初唐时期，无论是器形还是纹饰，都具有明显的波斯萨珊朝风格，纹饰以凸棱、连珠纹及单点动物纹为常见。

狮纹 一种具有宗教意味的传统陶瓷装饰纹样，包含以狮为主的组合纹饰，单独构成画面或与人物配合构成画面，如狮子与绣球、狮子与人物等。狮子于西汉时自西域传入，被视为祥瑞之兽。《汉书·西域传》记载：世传狮子为百兽之王，每一振发，虎豹慑服，故谓瑞善。

■ 鎏金银壶

仰莲唐代银碗

另外，以纤细的缠枝忍冬、四瓣或八瓣花及线条简略的折枝花为主，花与人物相衬时结构松散。如八棱带柄杯、花银高足细柄杯、胡人像银扁壶及凸雕虎纹银壶，即是典型之器。

陕西省西安市南郊唐窑藏歌舞伎八棱金杯，高6.5厘米，口径7厘米，足径4.3厘米。金杯腹以棱面为单位，各作一高浮雕男子，或歌舞，或捧物，神态自然。人物四周环以金珠，杯把作连珠圈状，指垫两侧各作高浮雕的老人头像，深鼻高目，长髯下垂，具有波斯特色。

还有唐舞伎连珠柄八棱金杯，高6厘米，口径6厘米，金质。口沿外侈呈八角形，腹内收，为8棱，连珠环把，上有圆蔽遮。八棱圈足，足沿外撇。内壁素面，外壁口沿下和底沿上各饰一周连珠纹，杯身每棱饰一条连珠纹，将杯身分成8个长方形，每个长方形中有一舞伎，姿态各异。

唐歌舞狩猎纹八瓣银杯高5.1厘米，口径9.1厘米，足径3.8厘米，银杯为波斯流行样式。杯腹部分为8面，每面在鱼子地上分刻仕女游乐和男子狩猎纹，下腹莲瓣内各饰宝相花，圈足外壁刻六般覆莲。杯内在水波纹地中刻一象头，间以游鱼和莲叶，指垫上刻一大头鹿。

中唐时期，随着经济的发展，

高足银杯

金银生辉

金银文化与艺术特色

贵族官僚追求享乐日盛，金银器制品增多，波斯萨珊朝风格的造型已不能满足需要，转为兼收我国传统的铜器、陶器、漆器的器形。花鸟纹盛行，缠枝花、绶带纹丰满流畅，已具有团花的格局。

另外，人们把传统的龙、凤、虎、龟、人物和新出现的宝相花、折枝花、缠枝花、鸾鸟、鹦鹉等纹样巧妙地穿插组合，用忍冬纹作边饰图案，形成活泼清新、鸟语花香的唐代新风格。

■ 唐代掐丝团花纹金杯

金碧辉煌

隋唐五代金银器

这种类型的金银器仍然以陕西省西安市南郊何家村窖藏最为典型。如刻花赤金碗，高5.5厘米，口径13.7厘米，足径6.7厘米。

碗壁捶出双层莲瓣，上层莲瓣内阴刻折枝花和鸳鸯、鹦鹉、鹿、狐狸等珍禽异兽，下层刻宝相花，其余部分刻飞鸟流云、花卉等，皆以鱼子纹为地。此碗制作精细，纹饰富丽，为稀世珍品。

何家村唐掐丝团花金杯设计精巧，纹饰典雅。该杯高5.9厘米，口径6.8厘米，足径3.5厘米，圆形，侈口，束腰，圈足，有把。

杯内壁为素面，外壁饰大型六角掐丝团花5朵；团花之间空白处饰对称如意云头纹。把为环形，带翘尾，着杯时，食指插入圆形把内，拇指压住把尾。

何家村唐赤金龙精美、异常而生动自然，高2—2.8厘米，长4厘米，金龙呈奔走状。用纤细的阴线刻

忍冬 古代寓意纹样。忍冬为一种蔓生植物，俗呼"金银花""金银藤"，通称卷草，凌冬不凋，故有忍冬之称。《本草纲目》云：忍冬"久服轻身，长年益寿"。忍冬图案多作为佛教装饰，可能取其"益寿"的吉祥含义。

唐代鎏金银香薰

出眉毛、眼睛和颈部的毛发，通体錾刻细密的鳞纹。

在陕西省西安市韩森寨纬十街也发现有唐蔓草花鸟纹八棱银杯，高5.3厘米，口径5.4—6.9厘米，足径3.1厘米，镀金。八曲侈口，腹和足均作八棱形，腰略束。

腹壁棱间饰以缠枝蔓草和花鸟相间的图案各4组，圈足面饰缠枝蔓草纹，环柄上有半圆形护手，护手上饰一展翅飞翔的鸿雁，下以萱草相称。地纹皆饰鱼子纹，刻工精细，富有生机，颇具匠心。

还有在陕西省扶风法门寺唐真身舍利宝塔地宫中发现的鎏金龟形银盒，通高13厘米，长28厘米，宽15厘米，分体焊接成形，纹饰鎏金，整个造型作龟状，引颈昂首，瞪目张口，四足外露，以背壳作盖，内焊椭圆形子口架。

龟首及四足中空，龟首与腹部先套合后焊接，尾与腹亦焊接。背部饰龟背纹，外围鳞纹一周，首与四腿饰斜方格纹，内填篦纹，下颈、胸部饰双弦纹数道，以锥点纹作衬托，腹部满饰花蕊纹。造型手法写实，纹样逼真，给人以真实的艺术魅力。

此外，晚唐时长江下游的一些地区，金银器皿的制作也达到相当高的水平，足可以与都城的产品媲美。晚唐时期，器形继承前期；团花纹饰已从原来的陪衬地位一跃而成为主题纹饰，这也是团花纹饰的黄金时期；缠枝花则渐趋呆板被绶带纹取代。

舍利 原指佛教祖师释迦牟尼佛，圆寂火化后留下的遗骨和珠状宝石样生成物。后泛指僧人圆寂经过火葬后所留下的结晶体。舍利子的形状千变万化，有的圆形、椭圆形，有的莲花形，有的呈佛或菩萨状；它的颜色有白的、黑的、绿的、红的，也有各种颜色；舍利子有的像珍珠、有的像玛瑙、水晶；有的透明，有的光明照人，就像钻石一般。

在江苏省丹徒县，运河上有一座古老的桥梁，传说是在古代的一个丁卯日修建的，因此就叫丁卯桥。丁卯桥只是运河上的一座普通桥梁，在丁卯桥附近发现了一些藏着金银珠宝的坛子。

如果单以数量计算，那么，江苏省镇江市丁卯桥银器窖藏算得上是唐代金银器最大的发现，共有各种银器950多件。

丁卯桥的银器中有大量的银首饰，包括手镯、钗和戒指等。此外，还有140多件器物和饮酒有关的器物，包括烹调器、盛器、食器、饮器、令筹等成套的酒具。

丁卯桥的银器体现了唐朝中晚期金银器制作的最高水平，和盛唐时代的何家村金银器相比，制作技艺更加成熟，在艺术风格上也基本完成了本土化的转型，外来文化已经基本融入中国文化，不分彼此。

如丹徒鎏金银质龟负"论语玉烛"酒筹筒，通高34.2厘米，筒深22厘米，龟长24.6厘米；银鎏金鹦鹉纹盒通高8.5厘米，腹径11厘米，足径9.2厘米，盖面捶出一对鹦鹉和缠枝，四周围以花瓣纹，盖及盒侧面刻菱形纹。银鎏金人物小瓶高7厘米，口径3.8厘米，腹径6.6厘米。

其中以罕见的金花银龟负"论语玉烛"酒筹筒最有特色，从器物造型到装饰纹样完全是成熟而典型的我国民族特色。

玉烛由一圆筒和龟座组成，圆筒顶盖为卷边荷叶状，盖纽做成荷花的花蕾形。筒身上阴刻缠枝卷草纹和龙凤纹样，并以细密的龟子纹作地。龙凤间有一圆筒，内刻"论语玉烛"4字。

圆筒下为昂首曲尾、四足内缩的龟形底座，龟背上有双层仰莲，上承圆筒。它竟然用了儒家经典"论语"来命名。"玉烛"两字，始见于《尔雅·释王》，四时和气，温润明照，称为"玉烛"。

龟背上负一圆筒，圆筒内盛放50枚鎏金银酒令筹，每枚酒令筹均刻有鎏金楷书令辞，上半段采用孔子《论语》的语句，下半段是酒令的具体内容。

其中有一枚令筹上刻有"闻一知十，劝玉烛录事五分"，竟为酒宴中服务的执事，饮酒五分。

丁卯桥的银器并不是贵族的家藏品，很有可能属于当地某个富裕家庭。唐朝时的江南并没有被大规模开发，社会经济的发展水平低于中原地区，但是，却在一个侧面反映了当时江南一带的富庶。

还有陕西省耀县背阴村唐窑藏刻花"宣徽酒坊"银碗，高5.8厘米，口径15厘米，足径7.8厘米，银碗腹部装饰3层十瓣仰莲，外底刻出"宣徽酒坊宇字号"7字，表明此碗为内府产品。

此外，在浙江省长兴发现了100余件金银器，它们代表了中晚唐时期南方金银器的风格，器物有杯、羽觞、汤勺、钏、钗、盒、瓶、花栉、玉烛等。

这批金银器的特点是既无波斯器物，也无仿制波斯萨珊朝金银器风格的制品，从器物造型到装饰纹样已完全是成熟而典型的我国民族特色，而又极具浓郁的江南风格。

如器物造型花口器较多，碗或盒等多做成六曲、八曲的莲花瓣、桃形等，而装饰图案则以花鸟鱼虫为主，而不见狮、象、鹿等西域游牧文化风格的图案。

我国的饮茶历史可以溯源到公元前1000多年，但直至唐朝开元，即713年以后，饮茶之风才普遍流行开来，并形成了茶道。

唐代盛行煎茶法、点茶法，茶饼被奉为上品。平时，茶饼要悬挂在高处，保持干燥。因此茶笼应运而生，最初使用竹篾编成的笼子，在陆羽《茶经》中称之为"筥"，也由底和盖组成。

但在皇家贵族则是由银或铜制作，因用这些材质制作的茶具，既华丽又不会影响茶的真味。

陆羽（733—804），号竟陵子、桑苎翁、东冈子，又号"茶山御史"。一生嗜茶，精于茶道，以著世界第一部茶叶专著《茶经》闻名于世，对中国茶业和世界茶业发展作出了卓越贡献，被誉为"茶仙"，尊为"茶圣"，祀为"茶神"。他也很善于写诗，但其诗作目前世上存留的并不多。

金碧辉煌

隋唐五代金银器

■ 唐鎏金银质香囊

■ 法门寺一重宝函

佛教 最早的世界性宗教，距今3000多年，在东汉明帝时经丝绸之路正式传入我国。佛教是世界三大宗教中历史比较悠久、影响也比较大的一个宗教。佛教虽然来自印度，但其成熟和发展是在我国完成的，它既吸收了我国传统文化，又丰富了中国传统文化，具有博大精深的文化内涵。

唐代佛教盛行，较大的寺院将法堂西北角的鼓，称之为"茶鼓"。僧人在坐禅的间隙中，行茶四五匝，有助于提神修行，饮茶慢慢地成了僧徒生活的主要内容。

一些僧徒还把饮茶提高到"茶佛一味""茶禅一味"的高度。于是形成了一整套饮茶礼仪，在佛教重大节庆时，往往举行盛大的茶仪。

陆羽在《茶经》中特别强调要"制其器，定其法"，因此，在唐代逐渐将饮茶演绎成为一种闲情的艺术，一种文化的礼仪，一种人生的境界，使饮茶器具也越来越讲究精巧。

如在陕西省扶风法门寺发现的唐鎏金镂空鸿雁球路纹银茶笼，高18.5厘米，口径15厘米，重654克，笼盖圆隆，直口，直腹，平底，有4足。

笼盖和笼身做成子母口，笼盖顶上有个圆环扣，原本通过一个个相连的一串圆环，将笼盖与笼身连在一起，现在仍能看到盖顶有两个残存的圆环，笼身两侧各有一个焊接的圆钮，连着一个圆环以连接环串与棱形的提梁。

整个笼盖、笼身、笼底通体镂空球路纹网格花纹，内外层都鎏了银，使笼子非常通透明艳。同时，球路纹盖而上錾饰15只浮雕状飞鸿，球路纹笼体外壁也錾饰24只飞鸿，均作两两相对，并列飞翔。

对沿边、四足与鸿雁都鎏了金，在银链与提梁相连的口沿上缘还饰有一周莲瓣纹，下缘饰一周上下铸对的半体海棠纹与鱼子地纹，四足与笼底边沿铆接，由3个花瓣呈倒"品"字形组成。装饰繁缛，技艺精湛。

所谓球路纹，是一种游戏类球形的纹饰。唐代沈佺期《幸梨园亭下见打球应制》有"宛转萦香骑，飘飖拂画球"，这是有图饰的彩球。这种用球形作的纹饰，称之为"球路"。

二重宝函

这只法门寺银笼是与茶具放在一起的。从其留在器物上的文字知是唐僖宗在登基前所供奉的皇家之物，故笼子不是一般的竹编，而是用银来制作。因此，法门寺的银胎笼客观反映了持有者的身份地位的差异。

法门寺最早建于5世纪的北魏时代，东面是著名的古都西安。西安在唐代成为世界最大和最富庶的城市，而法门寺也在唐代成为规模宏大的皇家寺院，史书中曾记载法门寺塔下有地宫，地宫中埋藏着释迦牟尼的一节指骨舍利和无数珍宝。

三重宝函

法门寺地宫中珍藏着金光闪闪的宝函。宝函一层套着一层，最外面套的是檀香木，但已经朽烂，接下来是金、银、玉、珍珠镶嵌的各种宝函，一共套了8层。这八重宝函的精致足以让人们欣喜，其中有6件是金银制品。

第一重为宝珠顶单檐四门纯金

塔。金塔高105毫米，塔顶为金质莲花朵捧托金珠顶，四面檐角翘起，阁额及檐下均饰菱纹。

塔身四壁刻满纹饰，并且有4扇小金门，门的周围布满鱼子纹，门下部有象征性飞梯至塔座，小巧玲珑，金碧辉煌，盘为细颈鼓腰状，喇叭口径处雕12朵如意云头，鼓腰上两平行线连为4组三钴纹杆状十字团花，衬以珍珠纹腰底为莲瓣形，银柱托底也呈八瓣莲花状。

间以三钴纹，柱底还有一墨书小字"南"，塔座为纯金方台，中立一小银柱，用以套置佛指舍利，仅11毫米高。

第二重为金筐宝钿珍珠装武夫石宝函，以珍珠装武夫石磨制而成，周身以雕花金带为边，镶嵌珠宝花鸟，通体以珍珠、宝石嵌饰，并雕上花瓣图案，极其华丽精美。

第三重为金筐宝钿珍珠装纯金宝函，由纯金雕铸，函身镶满红宝钿、绿宝钿、翡翠、玛瑙、绿松石等各色宝石，并镶嵌宝石花朵，函盖顶面和侧面红、绿二色宝石镶嵌成大大小小的莲花，通体以珍珠、宝石嵌饰，并雕上花瓣图案，极其华丽。

第四重为六臂观音纯金盝顶宝函，宝函重1512克。函盖雕有双凤及莲蓬，盖侧有瑞鸟4只绕

■ 鎏金四天王银宝函

着中心追逐，正面为六臂如
意轮观音图，左侧为药师如
来图，右侧为阿弥陀佛图，
背面为大日如来图，外壁凿
有如来及观音画像，或饰
以双凤翔，配以蔓草纹，或
刻上金刚沙弥合什礼佛的图
景，造型逼真而细腻。

第五重为鎏金如来说法盝顶银宝函，钣金成形，
纹饰鎏金。函件正面有如来，四周有两菩萨、四弟
子、两金刚力士、两供奉童子，外壁凿有如来及观音
画像，或饰以双凤翔，配以蔓草纹，或刻上金刚沙弥
合什礼佛的图景，造型逼真而细腻，场景丰富生动，
人物众多，工艺精湛。

第六重为素面盝顶银宝函，通体光素无纹，素
净，不加丝毫雕刻绘描而浑然生辉，有绛黄色绫带封
系。盖与函体在背后以铰链相接，是8个宝函中最特
别的一个。

第七重为鎏金四天王盝顶银宝函，函体以平雕刀
法刻画"护世四大天王"像，正面有一金锁扣和金
匙，"盝顶"是我国传统建筑形式之一，呈四面坡，
中为4条平脊相围的平顶。以银铸成，四壁以平雕刀
法刻有"护世四大天王"像，顶面有行龙两条，为流
云所围。

宝函上四天王形象栩栩如生，持弓执箭，各有神
将、夜叉多人侍立，极其威严，使人肃然而敬。凝目

菩萨　菩萨的地位
仅次于佛，是协
助佛传播佛法、
救助众生的人
物。菩萨在古印
度佛教中为男子
形象，流传到我
国后，随着菩萨
信仰的深入人心
及其对世人而言
所具有的深切的
人情味，便逐渐
转为温柔慈祥的
女性形象。佛教
雕塑中，菩萨多
以古代印度和中
国的贵族的服饰
装扮，显得格外
华丽而优雅。

■ 唐代鎏金银笼子

云纹 我国古代青铜器上一种典型的纹饰。云纹的基本特征是以连续的"回"字形线条所构成，作为圆形的连续构图，单称为"云纹"，与雷纹常作为青铜器上纹饰的地纹，用以烘托主题纹饰。也有单独出现在器物颈部或足部的。

而视，仿佛诱人追随函壁的画像驰骋三界，遨游九重天。

第八重为银棱盝顶檀香木宝函，函内是一个略小的鎏金盝顶四天王宝函，用一条约50毫米宽的绛黄色绸带十字交叉紧紧捆扎。顶面錾两条行龙，首尾相对，四周衬以流云纹；每侧斜面均錾双龙戏珠，底饰卷草；四侧立沿各錾两只迦陵频伽鸟，身侧饰以海石榴花和蔓草。

函的四侧面分别刻着四大天王图像。正面是北方大圣毗沙门天王，左面是东方提头赖咤天王，右面是西方毗卢勒叉天王，后边是南方毗娄博叉天王。

最外层是一个长、宽、高各30厘米的银棱盝顶黑漆宝函。所谓盝顶，就是函盖上棱成斜面的函。它是用极珍贵的檀香木制成，用雕花银条棱边。

八重宝函的价值不仅在平雕刀法、宝钿珍珠装及盝顶这些古代工艺，还在于刻凿在四周壁面上的文殊、如来造型，正是佛教密宗内蕴的深刻表现，是密宗文化艺术史的一幅剪影。

第一重塔状金宝函小巧玲珑，金碧辉煌。这个纯金塔的盖子揭开以后，在塔座的银柱上赫然套着一个白色的管子。这就是佛指舍利的影骨，是仿造真身舍利的一件玉器。

而真正的佛指舍利被秘密地放在地宫的一个密龛

里。锈迹斑斑的铁函里套着一重宝函，这是一个鎏金的银宝函。宝函造型方厚，四壁和顶上雕刻着45尊形态各异的菩萨像。这些神异的菩萨像，按照某种秩序排列。

在梵语中，这种奇妙的形式叫作曼荼罗。简单地说，曼荼罗就是凝结佛教精华的坛场，用佛教的话说，就是汇聚精华，辐射光芒。显然，这样的宝函装饰是有着深刻含义的。

在银函里面，有一重檀香木函和一个水晶棺椁，最里面是洁白的小玉棺，一枚佛指静静地躺在玉棺里面。这枚骨质的舍利就是佛祖释迦牟尼的真身指骨。

为了供奉这尊世间仅有的佛指舍利，唐代皇家专门制造了一批金银法器。

如有一根长196厘米，重2.39千克的双环12轮鎏金银锡杖，杖身中饰柿蒂状忍冬花结座，上托流云仰莲，5钻杆及智慧珠。锡杖尊体由复莲八瓣组成，锡杖下端有三栏团花纹饰，栏之间以珠纹为界，极为精

柿蒂 古代寓意纹样，四瓣或五瓣，形象美观、大方、装饰性很强、线条简单明快。从柿花开落后，就留下一个相对大大的蒂，随着果实的生长，蒂一直紧紧护托着果实，直到果实的成熟都难分离。这在自然界是很少有的现象，喻示着家族、士族部落、国家等的坚实牢固、人丁兴旺、传承祥瑞。

金碧辉煌

隋唐五代鎏金银器

■ 佛教锡杖

锡杖 为比丘行路时所应携带的道具，属比丘十八物之一。梵名音译作吃弃罗、吃吉罗、隙弃罗；又称有声杖、声杖、禅杖、鸣杖、智杖、德杖、金锡和杖。锡杖，梵文音译为吃弃罗，是发出声响的意思。古人因为它会锡锡作声，所以意译为锡杖。

细。杖身中空，通体衬以缠枝蔓草，上面錾刻圆觉12僧，手持法铃立于莲花台之上，个个憨态可掬，神情动人，锡杖下端缀饰蔓草、云气和团花。

杖首用银丝盘曲成双桃形两轮，轮顶有仰莲流云束腰座，上托智慧珠一枚。

其中4个大环象征四谛：苦、集、灭、道；12小环则代表12部经。杖头为双轮4股12环，4股以银条盘曲而成，每股套装雕花金环3枚，股侧铭刻：

文思院准咸通十四年三月二十三日敕令造迎真身银金花十二环锡杖一枚，并金共重六十两，内金重二两，五十八两银，打造匠臣安淑郢，判官赐紫金鱼袋臣王全护，副使小供奉官臣虔诣，使左监门卫将军弘悫。

这枚锡杖是佛教世界的权威，属佛祖释迦牟尼，

098

金银生辉

金银文化与艺术特色

唐舍利金棺

是世界锡杖之王。《锡杖经》记载佛告诸比丘："持此杖即持佛身，万行尽在其中。"为佛门法器中的至宝，堪称世界"锡杖之王"。

还有一尊通体挂满珍珠璎珞的鎏金菩萨，是唐懿宗在39岁生日时，为供养佛指舍利而敬造的。她手捧象征纯洁的荷叶，荷叶上托着刻有祈愿文字的银匾。在铭文中她被称为捧真身菩萨。

菩萨主体是银质的，采用了錾刻、钣金、鎏金、铆接等多种工艺方法，是唐代同类金银器中最宏大的一个。皇室甚至还为这位菩萨专门准备了衣服。

奇特的是，法门寺的大部分丝织品都已经碳化，只有这5件蹙金绣被完整地保留了下来。

这些金线其实是用黄金拉成的，平均直径只有0.1毫米，最细的地方仅有0.06毫米，比头发丝还要细。

正是这些镶嵌在织物中的金线阻挡了时光的侵蚀，在1000多

■ 唐代武则天金简

年后还能让人们一睹唐代丝绸的真容。

这件微型蹙金绣衣有着短短的袖子，下摆的长度刚刚到达胸部，这是典型的我国唐代侍女短袖上衣。

与佛教相关的还有甘肃省靖川县大云寺舍利石函中的金棺银椁，金棺高3.1—4.6厘米，宽2.3—3.5厘米，盖长7.5厘米，棺座长7.1厘米，宽4.6—5.4厘米，重108克；银椁高5.4—7.1厘米，宽4.9—6厘米，盖长10.7厘米，椁座长10.5厘米，宽6.7—8.4厘米，重349.5克。

金棺、银椁的形制基本相同，满饰花纹，并粘贴释迦牟尼十大弟子像和珍珠、宝石、水晶等，整个棺具玲珑别致，工艺绝伦。

此外，内蒙古自治区喀喇沁旗唐金花银盘也反映了佛教题材。盘心为两条兽首卷鼻的摩羯鱼绕一宝珠洄游。"摩羯"为佛教中的一种神鱼，龙首鱼身，类似我国的河神。大藏经《一切经音义》卷四十记载："摩羯者，梵语也。海中大鱼，吞噬一切。"

唐代时，河南省洛阳成为另一重要都城，因此在这一地区也发现了大量的金银器。包括钱币、佛像、首饰等。

如鎏金"开元通宝"，直径2.5厘米，重4.32克。"元"字第二笔左挑，背带月牙纹，通体鎏金。

鎏金"封泉宝"，直径2.5厘

■ 鎏金开元通宝

唐摩羯纹金长杯

米，重4.08克。隶书钱文，"乾"字作"乹"，钱背与钱面4字对应出位4朵阴刻变体莲瓣纹，通体鎏金。

鎏金婆难陀蛇龙王铜像，高7.6厘米。面目清秀、长发披肩、袒胸露腹，双手持带弄蛇，下着宽松软裤，赤足站立于莲花宝座上。

鎏金银凤钗，通长23.3厘米，重7.5克。银质，正面鎏金，钗尾饰凤鸟，山岳图案。

鎏金银钗，高29.5厘米，重9.4克。银质，正面局部鎏金，饰鸿雁、卷云及蔓草纹。

在河南省登封县王河村发现了一件奇特的长方形黄金简，长36.2厘米，宽8厘米，重223.5克，厚0.1厘米，正面镌刻双钩楷书铭文3行63字。铭文写道：

大周国主武曌好乐真道，长生神仙，谨诣中岳嵩高山门，投金简一通，乞三官九府除武罪名。太岁庚子七月甲申朔七日甲寅，小使臣胡超稽首再拜谨奏。

意思是说，大周国皇帝武曌信奉道教真神，在中岳嵩山向天地诸神递上这枚金简报到，请求诸位神仙除去武在人间的罪过，而这上面自称武的人竟然是我国历史上赫赫有名的女皇武则天。

唐代金柳叶形发饰

唐代金银器往往还要刻上官衔姓名，如在西安市北郊发现的唐代双凤纹银盘背面錾刻有"浙东都团练观察处置等使大中大夫守越东刺史御史大夫上柱国赐紫金鱼袋臣裴肃进"字样，以后陆续还发现錾有李勉、刘赞、敬晦、田嗣莒、李杆等结衔勒名的金银器，均属向皇帝进奉之物。

阅读链接

　　从唐代开始，我国古代金银器的制作技艺进入一个崭新的时期，唐代金银器经历了一个由简单转向复杂的过程，从唐初的波斯萨珊朝风格转向我国传统风格。

　　前代盛行的错金银和鎏金技术虽然还在使用，但已不再是主体，真正意义上的金银器皿成为时代的主角。更加璀璨的金银器还将出现在人们的视野中。

　　虽然法门寺地宫的金银器中有相当多的宗教用品，但实际上到了晚唐时期，金银已经深入社会，遍及日常生活的各个层面，有食器、饮器、容器、药具、日用杂器和装饰品。

承前启后的五代十国金银器

907年，朱全忠代唐即皇帝位，国号为梁，史称后梁，结束了李唐统治，拉开了五代十国的序幕。五代十国不过54年，在中原及其临近地区先后建立了15个"王朝"。

五代十国各有自己的金银作坊，生产了一批金银器，但能够代表工艺水平的，也就是吴越、南唐和前蜀的金银器而已。

这三国的主要地盘是江苏、浙江和四川等经济、文化相对发达的地区，发现了少量的首饰、器皿及其他多种用途的附件。

从这些零星的金银器中，可以看到具有唐代金银之遗风者和略有新意的两种过渡型的制品，它们为北宋金银器

五代十国时期的金书铁券

金银生辉

金银文化与艺术特色

艺术风格的诞生提供了物质的、工艺的条件。

吴越国是五代十国时期十国中的一国，由浙江临安人钱镠创建。在五代十国时期，南北分裂，北方中原地区兵革重兴，对佛教限制严格。

955年，周世宗灭佛，废除未经国家颁额的寺院，并将民间保存的铜佛像全部没收。这样，原来仅仅得以维持的北方佛教更为凋零。

此时南方相对安定，一些国家的统治者热心于佛教，尤以吴越国为甚。历代吴越国王保境安民，奉中原各朝正朔，在这种环境下，吴越国境内佛教大盛。

吴越国末代国王钱俶，更是广种佛田，建造佛塔无数。《佛祖统纪》记载：

■ 鎏金银阿育王塔

吴越王钱俶，天性敬佛，慕阿育王造塔之事，用金铜精钢造八万四千塔，中藏《宝箧印心咒经》，布散部内，凡十年而讫功。

钱俶崇佛最著名的事例就是效仿印度阿育王建造了8.4万座宝塔。这些宝塔大多为金属小塔，用来藏经卷或瘞舍利之用。以铜塔为多，铁塔略少，塔上均铸有铭文。

钱塘江边上有六和塔，传说是钱俶为了镇住肆虐一时的钱塘江大潮而建。温州白象塔是漆阿育王塔，是仅见的一座漆塔，也就是延寿造夹纻育王塔。建造雷峰塔，则是为了奉安"佛螺髻发"。

但是，雷峰塔地宫中内放金棺的银鎏金阿育王塔和天宫中内置金瓶的银阿育王塔，是仅见的两座银塔，就是钱俶专门为雷峰塔特制，模拟唐代以金棺银椁的最高规格瘗埋佛祖舍利。

雷峰塔地宫发现的用金棺盛装"佛螺髻发"舍利的纯银阿育王塔，是当年吴越国王钱俶建造皇妃塔，后称雷峰塔的核心所在，也是他毕生崇佛的体现。纯银阿育王塔直接仿自延寿造夹纻育王塔，间接仿自鄞县阿育王塔。

这座阿育王塔通体纯银质地，外表局部被镶嵌上鎏金，虽经历了千年的洗礼，但依然完好无损，熠熠生辉。

在外形上，阿育王塔是单层束腰状，自下而上由基座、塔身、塔顶3部分组成，塔顶盖四角各耸立一朵蕉叶状山花，塔顶正中立着塔刹、相轮。

阿育王塔通体高35.6厘米，最宽部位为12.6厘

蕉叶 古代常见纹饰，以芭蕉叶组成带状纹饰，特指以蕉叶图样作二方连续展开形成的装饰性图案。芭蕉直立高大，体态粗犷潇洒，但蕉叶却碧翠似绢，玲珑入画，兼有北人之粗豪和南人之精细，芭蕉冬死又复生，一年一枯荣，有的民族把它看成起死回生的象征。

米，重1272克。底板、基座、塔身、顶盖、山花蕉叶、塔刹、相轮、金棺等部件，均捶揲成形后整体接合、安置。

底座为方形基座，宽12.5厘米，高4.2厘米，下有一片银板封护，每个侧面有5棵菩提树与4尊禅定佛像，互相间隔排列，表现了释迦牟尼树下成佛的景象。

方形塔身的立面呈倒梯形，宽9.5—12.6厘米，高9厘米，四面的圆拱形龛内镂刻佛本生故事画面，每面一幅，一图一景，上面四角各立着一只大鹏金翅鸟。金翅鸟用梵语叫"迦楼罗"，为护法的"天龙八部"之一。

在塔身四面的佛本生故事中，正面雕刻着"萨埵太子舍身饲虎"，以此面作为观察者视线的前面，则右面为"快目王舍眼"，左面为"月光王施首"，后面为"尸毗王割肉贸鸽"本生。

塔身的最上层图案，两边为忍冬纹，正中以兽面作装饰。佛本生故事讲述了释迦牟尼前生的累世修行，意在宣扬佛的善行。

塔顶盖四角的山花蕉叶，每个角的向外部分都垂直折成两个面，每个面各分上下两层，上面捶揲，镂刻佛传故事画面共16幅。

每个角的向内部分，则捶揲佛坐像、立

金舍利塔

鎏金银塔

像和舍利瓶，舍利瓶象征着释迦牟尼的涅槃。

金棺银塔其意义等同于金棺银椁，是瘗埋佛舍利的最高规格。

雷峰塔的天宫也发现有银质阿育王塔，但塔的顶部夹杂在一堆砖头里，边上还散着很多铜钱，这座阿育王塔已被挤压得严重变形，塔里放着的舍利金瓶也被压扁，不过金瓶里的舍利还是完整的。

天宫、地宫两座银质阿育王塔的形制、装饰题材、质地均相同，不同之处是地宫的阿育王塔内有金质容器，即"金棺"，存放当年钱俶供奉的"佛螺髻发"舍利；而天宫的阿育王塔内悬挂4厘米高的葫芦状金瓶，内装舍利。

此外，在浙江省临安县板桥的五代早期墓葬中，墓主人应该是吴越国的王室成员。这里共有银器17件，总重6500克，器形有盂、盘、壶、碗、盒、匙、筷等，器物或素面，或錾刻花卉、花鸟纹样，银器在造型和装饰图案上，多沿袭唐代的特点和风格。

南唐是五代十国十国之一，定都金陵，即南京，历时39年。南唐一朝，最盛时幅员35州，大约地跨江西全省及安徽、江苏、福建和湖北、湖南等省的一部分。

南唐三世，经济发达，文化繁荣，使江淮地区在五代乱世中"比年

涅槃 就是死了的意思，但它和一般人所说的死又不一样。涅槃是佛教的最高境界，是修行圆满。从生老病死以及各种欲望忧虑的苦海中解脱出来，进入"不生不死"、尽善至美的理想境地。这也是众生皈依佛法后所追求的最高理想。因此，涅槃图画给人的感觉是肃穆宁静的气氛，而没有惊恐慌乱的情景。

■ 十国时期银质文告

南唐四蝶银步摇

丰稔，兵食有余"，为我国南方的经济开发作出了重大贡献，南唐也因此成为我国历史上重要的政权之一。

南唐时，扬州、润州的金银器和铜器制造堪称典范，据传李煜特命工匠打造高达6尺的金莲，宫女窅娘立于莲上，缠足翩翩而舞。

戚氏《续志》中说："金陵坊银行街，物货所集。……"这些坊均为手工业作坊集中地，所谓银行，就是金银器加工场。

如在安徽省合肥市南唐汤氏墓中发现的四蝶银步摇，通高19厘米，宽9厘米，用金丝盘成4只飞舞的蝴蝶，两翅满镶黄色琥珀，下垂珠玉串饰，制作极精致。

步摇是一种头上的饰品，多插在各种形状的高髻之上。其名称意喻随步而摇动，可以以细丝连接几个部分，又可以形成下垂的珠链式。稍有震动，便晃动摇摆。自古以来，无数文人墨客在描绘美女风姿时，常在步摇上斟酌佳句。

如白居易在《长恨歌》中吟"云鬓花颜金步摇"，用来勾画杨贵妃的倾城之貌。另有"丽人绮阁情飘飖，头上鸳钗双翠翘""灯前再览

五代吴越银盖托

青铜镜，枉插金钗十二行"和"步摇金翠玉搔头"等都如实记录下当时的金、银、玉、翠等步摇的装饰趣味。

这支南唐四蝶银步摇代表了五代艺术的秀气玲珑风格。它主体是以银片和银丝做成4只蝴蝶戏花形，然后再以银簧与钗颈相连。这样的步摇戴在头上，随莲步微挪而轻轻颤动，宛如彩蝶飞舞于花丛之中，它一方面说明了唐至五代人们酷爱花鸟题材，另一方面还隐喻着对美好爱情的向往与追求。

同处发现的还有南唐金镶玉步摇，通高21厘米，宽14厘米，上端像双翅展开，镶着精琢玉片花饰，其下分垂珠玉串饰。

另外还发现有南唐时银质钵，高2.5厘米，径7.6厘米，重56.7克，圆形，包浆古旧，形体自然、流畅，钵体厚实，制作精美，线条流畅，品相完好，当为五代南唐皇室或上层贵族所用。

■ 吴越国金龙

金碧辉煌 隋唐五代金银器

白居易 （772—846），字乐天，晚年号香山居士、醉吟先生。祖籍山西太原，胡族后裔，生于唐代时河南新郑。中唐最具代表性的诗人之一。作品平易近人，乃至于有"老妪能解"的说法。其作品在作者在世时就已广为流传于社会各地各阶层，乃至外国，如新罗、日本等地，产生了很大的影响。著名诗歌有《长恨歌》和《琵琶行》等。

前蜀是五代时十国之一，由高祖王建所建，都城在成都。盛时疆域约为四川省大部、甘肃省东南部、陕西省南部、湖北省西部。历二主，共18年。王建的陵墓坐落于成都市中区，在墓中发现了极为豪华的金银平脱器朱漆册匣等，嵌孔雀、狮、凤、武士等花纹，较之唐代制品毫不逊色，说明五代工匠还能熟练制造平脱器。

在该墓中发现有银、铜、漆、玉、石、陶质随葬品30余件。棺内有玉銙、铊尾和银扣保存完好的大带。银盒、银钵、银兽、银颐托、金银胎漆碟、银平脱朱漆镜奁，装饰繁缛精美，是当时的工艺佳作。

金银平脱漆器自唐代开始成为皇家御用和馈赠的高档礼品，唐代的金银平脱器的制作已经有了明确的分工，即平脱花片由金工镂刻，然后再由漆工镶嵌在漆器上。

阅读链接

江苏省苏州市瑞光塔又称"瑞光寺塔"或"瑞光院塔"。瑞光寺，初名"普济禅院"。247年，孙权为了报答母恩，在瑞光寺中建造了十三级舍利塔。五代后晋时重修，并敕赐一枚铜牌置于塔顶。

在塔的一、二层之间，发现有一石函，石函内放漆器和五代嵌螺钿藏经箱，上面写有"辛酉岁建隆二年十二月十七日丙午入宝塔"，箱内放有已经碳化作黑色的磁青纸经7卷，各卷外面用绢质物包裹以及锦包竹簾一块、长方形象牙牌一块和破残经帙。

嵌螺钿藏经箱长35厘米，宽12厘米，高12.5厘米，木胎，用合题法镶榫制作。长方形，箱盖盝顶，台座略宽与箱身连接。表面黑漆，经箱上的花纹图案都是用螺钿装饰。

经箱的台座用须弥座形式，设壶门，壶门内贴嫩芽形图案的木片，上面贴金箔，间以花瓣形贝片图案。盖、身、台座缘镶嵌由花苞形、四瓣花形、鸡心形组成的带条，这些装饰既显示出镶嵌制作的细谨，又衬托出整体图案的绚丽多姿。

宋元金银器以器形设计构思巧妙、富有灵活性与创造性的多种加工技法为特征，以其小巧玲珑的形制显示出造型工艺技巧的高超。同一种金银器皿的造型还往往具有不同的形制。

明清两代金银器越来越趋于华丽、浓艳，宫廷气息越来越浓厚。器形的雍容华贵，宝石镶嵌的色彩斑斓，特别是那满目皆是的龙凤图案，象征着不可企及的高贵与权势，这一切都和明清两代整个宫廷装饰艺术的总体风格和谐一致。

金银满堂

宋元明清金银器

清新素雅的宋代金银器

　　两宋时期，金银器的制造业更为商品化。皇亲贵戚、王公大臣、富商巨贾，都享有大量的金银器，上层庶民和酒肆的饰品及饮食器皿也都使用金银器。

　　随着金银器的社会化，宋代金银器无论在造型上还是纹饰上一反唐代的富丽之风，而变得素雅和富有生活气息。

　　时代风气的变化对金银器的制作产生了深远影响。宋代金银器的造型极富变化，盏、杯、碟、盘、瓶、盒等常用器物都各有不同的样式；不少器皿直接模仿自然界中花、果、草、木的形态，清新素雅、匠心独运。

金头钗

■ 莲瓣纹银碗

宋代金银器以器形设计构思巧妙、富有灵活性与创造性的多种加工技法为特征。

如在江苏省南京市幕府山宋墓中发现的鸡心形、蝌蚪形金饰，龙凤、团龙、如意金簪和金丝帻背，都以其小巧玲珑的形制显示出造型工艺技巧的高超。

这时，同一种金银器皿的造型还往往具有不同的形制，如杯、盏就有五曲梅花形、六曲秋葵形、八曲方口四瓣花形、十二曲六角栀子花形、八角形及荷叶形、蕉叶形、重瓣菊花形、桃形、柿形、瓜棱形与柳斗形等。

如在江苏省溧阳平桥发现的宋代鎏金覆瓣莲花式银盏，即分作单瓣形、重瓣形和复瓣形3种。该盏通高5.3厘米，口径9厘米，重6.5克，鎏金。

直口平唇，弧圆腹，喇叭形圈足。口沿外錾刻一周花蕊纹，盏体捶揲出外突的覆莲瓣，圈足錾刻重瓣覆莲及连珠纹。盏内底心捶出隐起莲蓬，含莲子13

团龙 龙纹的一种表现形式，以龙纹设于圆内，构成圆形的适合纹样，称为"团龙"。团龙适用性强，又保持了龙的完整性，装饰味也很浓，运用十分广泛。团龙图案表现形式多样，有"坐龙团""升龙团""降龙团"等，是权势、高贵、尊荣的象征，又有禳除灾难，带来吉祥的寓意。

北宋银盒

枚，周刻花蕊纹两周。整盏纹饰犹如一朵怒放的莲花，具有古朴清雅的风格。

盘除圆形外，还有海棠形、五瓣梅花形、六瓣菱花形、重瓣菊花形及八角形和四角如意云头形。盒也有圆形、八瓣花形、八棱菱花形、十二曲花瓣形与三十二曲花瓣形等多种。

宋代有大量仿古青铜礼器形制的银器，如在江苏省溧阳平桥发现的双兽首耳乳钉纹鎏金夹层银盏和江西省乐安窖藏的乳钉纹凸花银杯等，为使其外观具有铜器的浑厚凝重感，而采用了前所未见的夹层合成法制作，表现出灵活多变的加工技巧。

双兽首耳乳钉纹鎏金夹层银盏口径8.7厘米，底径5厘米，通高7.1厘米，重178克。直颈，侈口，圆鼓腹，圈足，双兽首耳，风格浑厚凝重，盏内外壁为夹层，盏内素面，颈外饰两周雷纹，腹部为雷纹地斜方格乳钉纹，兽首耳正面作雷纹地乳钉纹，圈足下部有一道雷纹。

宋代金银器的装饰工艺继承和发扬了唐代的传统。装饰花纹多按照器物造型构图，并采用新兴的立体装饰、浮雕形凸花工艺和镂雕为主的装饰技法，将器形与纹饰结合成完美和谐的整体，使器物具有鲜明的立体感和真实感。

乳钉纹 古代常用纹饰之一。是青铜器上最简单的纹饰。纹形为凸起的乳突排成单行或方阵。另有一种，乳钉各置于斜方格中，以雷纹作地纹，称为"斜方格乳钉纹""乳钉雷纹""百乳雷纹"。盛行于商周时期，殷周之际，乳钉突出较高，周初有呈柱状的。

如在河北省定州塔基发现的宋代缠龙银瓶和银塔，龙的形象栩栩如生。

江苏省溧阳平桥窖藏的宋代蟠桃鎏金银盏采用立体装饰，于半桃体形的盏口沿上焊接出形态逼真的枝叶，既为装饰又是把手，还在盏内底压印有"寿比蟠桃"4字，将器形、纹饰、实用及寓意融为一体。

五曲梅花鎏金银盏，是1981年在此出土的。其口径9.4厘米，底径4.4厘米，高4.8厘米，重61.5克。银盏敞口，呈五曲梅花形，深腹；五曲花口圈足，外侈。盏内壁每一花瓣区间刻有形态各异的折枝梅，底心凸饰梅花一朵；圈足边饰几何纹带；凡文饰处均鎏金。

银盏为酒具。使用贵重的银质酒器，在宋代官府及民间上层社会中十分流行。宴席上摆上一套银餐具，其豪华气派更能增添宴会气氛。这件五曲梅花鎏金银盏造型别致，文饰精美，造型和装饰图案融为一体，恰似一朵盛开的梅花。

一同在此出土的还有六曲秋葵花鎏金银盏、八曲菱花鎏金银盏和十二曲六角栀子花鎏金银盏。银盏制作工艺采取了捶击、錾刻、焊接等方法，表现了宋代工匠的高超技艺。

六曲秋葵花鎏金银盏，口径9.8厘米，底径4.2厘米，高5厘米，重62.5克。银盏敞口，深腹，设圈足，

蟠桃 民间称寿桃，神话中，西王母娘娘做寿，设蟠桃会款待群仙，所以一般习俗用桃来做庆寿的物品。送寿桃是我国传统习俗之一，象征着晚辈对长辈的孝敬，每当老年人过生日时，做儿女的都要送寿桃给老人，以祝老人健康、长寿、幸福。而旧时人们认为老人吃了寿桃会变年轻，进而长寿。

■ 花鸟人物纹银盏托

腹壁作6片花瓣依次叠边，圈足亦呈六曲花口，外侈。内壁花瓣区间皆刻测视的秋葵一枝，底心凸刻俯视的秋葵花一朵。圈足边饰几何形纹。文饰处鎏金。

此盏造型、图案皆以秋葵为题材，形神兼备，仪态万方，刀法细腻，堪称宋代银器的代表作品。

八曲菱花鎏金银盏，口径10.2厘米，底径4.5厘米，高4.6厘米，重61.6克。银盏敞口，口作八曲四瓣花形，深腹，圈足亦作八曲方口四瓣形。盏内菱花壁每曲花瓣上皆刻一株菱花，底心凸刻一朵菱花，圈足边刻几何形纹带。文饰处均鎏金。此盏造型，图案皆以菱花为题材，制作精细，构思奇巧。

十二曲六角栀子花鎏金银盏，口径10厘米，底径4.4厘米，高4.8厘米，重60.9克。银盏敞口，口呈十二曲栀子花形，深腹，圈足亦作十二曲六角栀子花形。盏内壁每曲花瓣内各刻一枚栀子花，底心凸刻一朵栀子花，圈足边刻几何形纹带。文饰处均鎏金。

产生于唐代的浮雕形凸花工艺在宋元金银器中已普遍用于器物的主体纹饰，并发展出新的浅、中、高3种凸花形式，多与模压、錾刻、焊接、圆雕等工艺相配合。如在安徽省六安县嵩寮岩发现的宋代银质鎏金童

116

子花卉托杯，江苏省溧阳平桥窖藏的宋代凸花狮子戏球图及瑞果图等鎏金银盘等，就是同时采用3种凸花工艺与其他技法配合而成的代表作品。镂雕工艺多用作金银饰件和某些器盖或熏炉、盒等的花纹装饰。

在宋代金细工艺中常用龙作为装饰的题材，龙是古代人们想象中的神物，是传统的吉祥象征，常常装饰在人们的日用物品上。

在安徽省发现的宋双龙金香囊，长7.8厘米，宽6.5厘米。香囊为鸡心形，佩挂于腰间，用于辟邪除灾。系用两片金叶捶压合成，中心微鼓，边缘较薄，边缘镌刻连珠纹和草叶纹，两面纹饰一样，均镂刻首尾相对的双龙纹，中空处应是填香料的地方，顶端有一穿孔，用以穿系佩挂。

该香囊在制作工艺上采用捶、刻和压模等工艺制成，既是实用的装饰品，又是精致的工艺品。

江苏省南京市幕府山宋墓的鸡心形金饰件，高8.5厘米，宽5.7厘米，以透雕和凸花工艺相结合的装饰技法，刻画出一对金凤翱翔在花丛之中的生动形象。

四川省彭州市西大街窖藏是最大规模的宋代金银器窖藏，共发现各式器物350件，集中展现了宋代金银器的整体风貌。

江苏省南京市长干寺遗址地宫发现宋代金器、银

■ 宋代鎏金经塔

圆雕 又称立体雕，可以多方位、多角度欣赏的三维立体雕塑。圆雕是艺术在雕件上的整体表现，观赏者可以从不同角度看到物体的各个侧面。它要求雕刻者从前、后、左、右、上、中、下全方位进行雕刻。圆雕作为雕塑的造型手法之一，应用范围极广，也是老百姓最常见的一种雕塑形式。

宋代镶珠鎏金冠顶饰

器、鎏金器20余件，以阿育王塔为其代表，反映了宋代银作工艺的最高水平，器物外覆鎏金银板，银板采用捶揲工艺等制作佛像和题记。如长干寺舍利银椁，盖长11.5厘米，底头宽4.3厘米，尾宽3厘米，头高4.9厘米，尾高3.9厘米，重223克。

银椁和头部錾刻乳钉、栅栏，每门3排12枚，门两边刻草纹，门上刻流云一道，在中间拥托慧日智珠一颗，椁后头刻缠枝花叶，作如意状，椁两旁各刻高髻，双首鸟身迦陵频迦，四翅，一手托花盘，一手作张开状，飞行在缠枝花叶之中。

椁盖顶刻飞天两个，高髻，裸上身，下着长裙，首戴璎珞，左手张开高举，右手持花盘，作翻身回顾之状，后者双手持果盘，作行进之状，绶带飘逸，前端有如意宝珠，四周刻流云和圈点纹。

长干寺舍利金棺盖长6.4厘米，底长5.1厘米，头宽1.9厘米，尾宽1.6厘米，头高2.8厘米，尾高2.1厘米，重96克。

金棺除棺底外，遍体浅刻精细花纹，都以珠纹

宋代大理金片刻像

宋代金簪花

作地，棺头下刻乳钉各3排9枚，中部刻窗棂，顶部刻卷云如意纹，棺后刻如意状花叶5朵，顶托慧目。

两侧各刻飞天2人，前者两臂伸张，后者双手捧果盘，四周布满卷云如意纹图案，棺盖刻3只仙鹤翱翔于如意云纹之中，刻纹雕镂精细，活泼流畅，在唐代金银器中实属罕见。

长干寺舍利小金棺盖长2.9厘米，底长2厘米，底宽0.7厘米，头高1.1厘米，重5克。遍体素面无纹饰，藏于长干寺舍利金棺内，棺内盛有阿育王舍利11粒，外裹墨书签字纸条。

另外，在河南省邓州福胜寺塔中也发现有珍贵的宋代金棺银椁。福胜寺梵塔建于北宋时期，其中有金棺一件。金板制成。

置于银椁内前部，头西尾东。作前高后低的长方形，长19厘米，前宽11厘米，后宽9厘米，前高13厘米，后高7厘米，重620克。

金棺底板四周向外呈斜面，其上錾有麻点纹组成的壸门10个，两侧6个，前后4个，前后左右对称。

金棺前挡上方高出两侧棺板有一三面形结构，正面上部压印出四阿式屋顶，脊兽、瓦当俱全，从正脊两端的吻兽处用金丝连接在前挡上方。

檐下前挡上錾一方框，框内錾刻护法神像两尊。左像面

宋代鎏金菱花镜

目狰狞，尖下颏，短须，头后有火焰纹头光一周，身着长袍，腰束带，赤足站立，左手握剑，右手抚须。

右像面部丰满，怒目平视，短须，头戴冠，冠带向外飘曳，头后亦有火焰纹头光，身着宽袖长袍，赤足站立，左手抚须，右手握剑。

后挡与前挡相同，上边高出两侧棺板，表面錾刻铭文6行："维摩院僧赵过，观音院僧惠应，龙山院僧仪朋、张谷，打造人赵素。"

南宋双葫芦印金铤

右侧棺板前高后低，板面錾刻文殊菩萨坐于狮背的莲台上。狮子张口昂首，挺胸前进，背负的莲台下铺有花荐。狮前有光头狮童回首牵引。狮后随3人，第一人为长须老翁，戴平顶高帽，身着长衣；后两人为高髻少女，身穿曳地长裙，双手举幡旗。

狮子头前的上方还刻有花束一枝，狮子的前后用麻点纹组成的卷草纹5组填补空白。棺板前端的边沿处有麻点纹组成的卷草纹边框。后端边沿处刻"未年三月造"5字题铭。

南宋刻字银铤

左侧棺板与右侧相同。表面錾刻方框，框内刻涅槃图。下部刻一虎足床，床上方设帐。释迦牟尼侧卧于帐内床上，面部丰满，身着掩足长衣，头枕左上肢。床周围有佛徒6人，作仰面痛哭状。

棺板前方刻有麻点纹组成的卷草

纹。棺盖为八棱形，盖顶刻凤鸟一对，头向内，喙向前，高冠，各衔牡丹花一枝，颈部弯曲，作展翅飞翔状。线条流畅，形态生动。双凤的周围以麻点纹组成11组卷草纹填补空白。

棺盖的前端为欢门式的装饰，周边勾出轮廓，内錾麻点纹，上沿翻卷，扣在棺盖的前方，并用金丝穿结。棺盖的后尾将金板的六棱剪开，向下收缩曲卷。金棺两侧棺板、前挡、后挡及棺底的周边均錾凿圆孔，再用金丝穿结为一体，然后扣合棺盖。

金棺内前部放置"佛骨"一件；后部放置一件圆形银盒，盒内有"佛牙"一枚。而另一件银椁置石函内，头西尾东，外用带花的丝绸方巾包裹，方巾在椁顶打结，坐于长方形须弥座状的铜椁床上围栏内，长方形，前宽后窄，前高后低。长40厘米，宽20厘米，前端残高34厘米，后端残高24.6厘米，椁板厚0.2厘米。

银椁前挡和后挡边缘包在两侧椁板上，以圆形铆钉铆合。前挡的上部为五边形，高出两侧椁板，并向外倾斜，与椁床上门楼相接。下方线刻门框、门楣和门砧，并刻出两扇门扉，上有圆形门钉7排，每排8个。

门框的上方压印凸出的双凤纹，双凤间饰变形卷草纹花结，底面用乳钉纹补空。后挡的上部与前挡相同，但稍低于前挡。表面线刻仿木结构的四阿顶式建筑，脊兽、瓦垄俱全。檐下有仿斗拱结构的饰

南宋"苏宅韩五郎"金锭

元代银玉壶春瓶

金银生辉

金银文化与艺术特色

件。其下刻出门框和两扇门扉，门扉上有圆形门钉7排，每排6个。

银椁两侧椁板前高后低，表面压印凸起的僧院名称和施主姓名。左侧椁板有龙兴寺僧惠谈、惠宣、永宁等12人和开元寺僧守文、可惠、德崇等13人的法号；右侧椁板有"施主助教元吉"等28人的姓名和女弟子皇甫氏、李氏、黄氏、杨氏等。

椁盖为七面形，压印古钱形纹饰。前端有欢门式装饰，外边翻卷扣合在椁板前端，用圆形铆钉穿铆，两侧透雕对称的双凤戏牡丹纹。

银椁内前部放置金棺，后部放置玻璃舍利瓶。

宋元金银器的花纹装饰题材广泛，可大致分为花卉瓜果、鸟兽鱼虫、人物故事、亭台楼阁及錾刻诗词5类。

花卉瓜果类纹饰多象征幸福美好、繁荣昌盛，有牡丹、莲花、梅花、石榴、山茶、菊花、桂花、葵花、仙桃、佛手、香橼、灵芝、芙蓉、莲子、秋葵、荔枝、海棠、绣球等多种。

鸟兽鱼虫类用于隐喻健康、长寿和富有，如狮子、仙鹤、龟、鱼、蝴蝶、蝙蝠之类。

亭台楼阁类常与其他纹饰配合，用作人物故事或以錾刻诗词为题材的画面装饰，如江苏金坛窖藏的元代凸花人物故事银盘，即用人物、亭阁构图表现出唐明皇游月宫的故事情节。

而在福建邵武县发现的宋代鎏金八角夹层银杯，杯心錾刻《踏莎行》词一首，杯身外壁八面分别用凸花人物、亭阁、花卉组成连环画面，表现词中描绘的新科状元骑马游街，志得意满的形象，整个器物的花纹图案装饰充满诗情画意。

宋代金银器的款识除少数刻有年款或标记器物自身重量及寓意的杂款外，为数众多的是打印金银匠户商号名记的款识，如"周家造""孝泉周家打造""张四郎""李四郎""闻宣造""丁吉父记"等。如江苏省溧阳县平桥乡发现的乳丁纹鎏金夹层银盏，口径8—9.6厘米，底径3.7—5.7厘米，高4.6厘米，重94克。直口，斜弧腹，圈足，整体平面呈四曲海棠形。

内、外壁为夹层，在口沿处由内壁向外翻卷与外壁压合。口沿内饰一周卷草纹带，底部錾刻狮子滚绣球图案，细致精美，外腹4曲间均为细云纹地，中凸5颗乳钉，底部为一周覆莲纹，圈足饰一周4瓣花组

辽代银囊盒

成的两方连续图案。外底心錾刻"李四郎"款式。

这些带有广告性质的款识表明了宋代金银器制作的商品化，这正是创造出各式新颖别致、奇巧俊美金银器制品的一个重要基础。

与两宋同时存在的辽、金、大理等国，也发现有精美的金银器皿。辽代金银器多为契丹贵族使用的冠带佩饰、马具、饮食器皿、首饰、符牌及葬具之类。大多为辽代宫廷与地方的手工业制品。

以内蒙古自治区奈曼旗辽开泰七年，也就是1018年的金银器皿，其中以陈国公主驸马合葬墓者最为精致丰富，有由金面具、鎏金银冠、银丝网络、金蹀躞带、金花银靴等组成的殡葬服饰及錾花金戒指、缠枝花纹金镯、镂雕金荷包、金花银枕、錾花金针筒、金饰球、金花银钵、金花银盒、银长盘、银唾盂、银盏托、银壶、银罐、银粉盒、玉柄银刀、玉柄银锥、鎏金银勺与马具等。

此外，在内蒙古自治区赤峰市洞后村窖藏中发现的辽鎏金银鸡冠壶，高26厘米，底长22厘米，宽16厘米。壶把为鸡冠形状，壶盖与壶身以银链相连，盖面錾刻对称的四瓣花纹，外沿錾刻8个四瓣花朵。

壶颈较高，四周錾有牡丹纹。壶身鼓起，两面錾刻精巧，均在菱形图案中錾刻一只花鹿，鹿前后各錾刻山石、灵芝、海水，犹如仙境。

壶身前面呈三角形，3条边做成仿皮绳纹装饰。而在内蒙古自治区赤峰市大营子辽驸马墓中发现的鱼鳞纹银壶，通高10.2厘米，口径7.6厘米，底径6.7厘米，链长41厘米，银壶表面捶有密集的鱼鳞状纹饰，细腻逼真。

壶的造型为契丹民族所特有。同时墓中还有鎏金银鞍饰，长38厘米，宽20厘米。

契丹金器

契丹提梁壶

金银满堂

宋元明清金银器

内蒙古自治区巴林右旗辽窑藏八棱斩花银执壶，通高25厘米，腹径15厘米，每个棱面的开光内，錾刻折枝花和变形缠枝花等。

面具也称覆面，俗称盖脸，是契丹贵族的葬具，意在保护死者的面容，在死者脸上罩金属覆面是契丹族颇为独特的一种葬俗。

据史籍记载，契丹贵族有"用金银做面具，铜丝络其手

大鹏金翅鸟

金银生辉

金银文化与艺术特色

足"的葬俗。

覆面有金、银之分，用以区分死者的身份、年龄和性别。此器保存完整，面部轮廓清晰，头发后梳，眉骨突出，双目闭合，双唇紧闭，神态安详。耳下及鬓两侧有孔，可系结。在北京市房山区发现有辽鎏金银覆面，通高31厘米，最宽22.2厘米。与此相类似的覆面在内蒙古、辽宁的辽代墓葬中均有发现。

五代至南宋，以洱海为中心的云南为大理国所辖。大理国是白族先民的白族贵族段思平所建立的地方政权，辖有8府4郡37部，范围包括云南和四川省西南部等地区。

在崇圣寺三塔主塔千寻塔的塔顶四角，原来铸有4只巨大的金翅鸟。"金翅鸟"又名"大鹏金翅鸟"，亦名妙翅鸟，梵名"迦楼罗"，原是古印度传说中的大鸟，因这种鸟翅翮金色而得此名，为佛教护法神中的"天龙八部"之一，传说能日食龙3000，能镇水患。据李元阳《云南通志》

辽代金面具

记载，世传龙性敬塔而畏鹏，故以金翅鸟装饰塔顶四角，其作用是镇压洱海的龙妖水怪。

大理地处高原，平坝易发水灾，当地人认为是龙在作怪，于是佛教中的金翅鸟被请出，尊为大理国的保护神，可慑服诸龙，消除水患，用以祈求农业丰收，国泰民安。

在主塔塔顶一木制经幢内，发现了一件制作精美的大理银鎏金嵌珠"金翅鸟"立像，通高18.5厘米，重125克，金翅鸟头部形似鹰首，喙爪锋利，瞪目而视，头顶饰有羽冠，颈部及尾部屈起，展翅欲飞，双足栖息于一莲座上，尾羽作火焰状，上嵌5粒水晶珠，颈下和鸟身相接处原镶有3粒水晶珠，已脱落。

此金翅鸟形象凶猛，造型雄健有力，其制作分别采用铸造、錾刻、焊接、鎏金、镶嵌等多种工艺。

首先是铸出头、翼、身、尾、足等各个部件，经细部錾刻出羽毛纹饰和尾羽上做成对称的镂空装饰，再焊接成形，并通体鎏金，然后在尾羽、颈下及双翅两侧镶嵌水晶珠，制作颇为繁杂精致。

此外，在崇圣寺塔主塔塔顶还发现有大理时五色塔模型舍利盒，通高19厘米，底径

金银满堂

宋元明清金银器

■ 宋代大理大鹏金翅鸟

辽代银菩提树

金银生辉

金银文化与艺术特色

12.3厘米，塔模通高17厘米。

金代金银器较少，陕西省临潼金代窖藏有金步摇、金耳饰、金片饰、银钗、银项圈、银镯，反映了金与汉族在文化上的融合。

另外，在黑龙江省绥滨中兴金墓中也发现有金耳坠、银钗、银钏、银簪、银耳坠、金指环、金花饰、银鞍饰、银碗等金银器。

在绥滨奥里米金墓中发现金耳坠、银钏、银钗、银片和带有忍冬图案的金饰件。这些金银器的式样，有的与中原地区的相同，有的则具有地方特色。在黑龙江省阿城发现的银镯上也打印有"上京翟家"的戳记，据考证，这可能是一家由汉族人经营或有汉人参加的设在金代上京的手工业金银店铺。

阅读链接

宋代金银器的工艺继承了唐代的传统并加以改进。捶揲技法获得了更为巧妙的利用，出现了许多具有高浮雕效果的器物；夹层工艺在宋代广为应用，解决了胎体轻薄与形态优美之间的矛盾。

宋代金银器中并非没有繁复华丽的器物，但总体呈现出简约平易的特征，许多器物素面无纹，金银成色也略逊一筹。唐代雍容华贵的艺术风格逐渐演化为宋代世俗化的面貌；外来文明的特征渐趋淡化，我国传统文化的韵味愈益浓厚。

朴素实用的元代金银器

元代沿袭唐宋以来的官府手工业机构，设有金银器盒提举司，专职掌管皇室及贵族用金银器的制作与供给。

元代银器的制作中心在浙江和江苏。元陶宗仪《辍耕录》记载：

浙西银工之精于手艺，表表有色者，有嘉兴朱碧山、平江谢君余、谢君和、松江唐俊卿等。

这些大师名匠的作品，传世极为罕见，仅见元代最负盛名的朱碧山大师的名器银槎。槎，是木筏的别称。古代神话传说中往来于天上的木筏称为星槎。元明以

元代朱碧山银槎

来，酒杯作成槎形，深得文人士大夫的欣赏。

该银槎形为破土蟠蜿的老根，桠杈之上瘿结错落，枝杈纵横。一仙风道骨的老者倚槎而坐，右手执卷，专心研读。槎杯是用白银铸成以后再施雕刻的，道人的头、手及云头履等皆铸后焊接而成，浑然一体，毫无痕迹。

正面槎尾上刻有"龙槎"两字，杯口下刻有"贮玉液而自畅，泛银汉以凌虚，杜题"行楷14字，槎下腹部刻有"百杯狂李白，一醉老刘伶，知得酒中趣，方留世上名"楷书20字。尾上刻"朱碧山"款识。

这件银槎杯造型独特新颖，意韵恬静超脱，极具文人性情，工艺也达到了炉火纯青的程度，是一件稀世艺术珍品。

元代以苏州地区为中心的金银器制作业十分发达，在苏州吴门桥元末张士诚之母曹氏墓中发现的一批金银器，反映了元朝金银器制作的高超水平。其中盛放整套银质梳妆用品的银奁和银质镜架，既完整又完美。

此银奁呈葵花状六瓣形，通高24.3厘米，共有上下3层，各层之间以子母口套合，上面有器物盖，下有银托盘。

银奁上层盛放银刷两把，银镜、银剪和银刮片各一件。中层内置银圆盒4件，小银罐一件及

■ 筒状刻花卉银奁

大小银碟各一件，应该是化妆盒，分别盛有粉、胭脂、黄绸粉扑；下层有银质梳、篦、脚刀、小剪刀、小盂各一件。奁内用具品种齐全，小巧玲珑，制作精细。

银奁的表面和奁内的小圆盒、银篦、银梳、把以及托盘盘心都饰有四季花卉组成的团花，有牡丹、芍药、海棠、荷花、梅花、灵芝等，这些传统花卉图案象征着富贵、长寿、喜庆、吉祥。

众多的随葬器皿最精美独特的是银镜架。镜架呈折合式，整体由前后两个支架构成。后支架为主体，架身通高32.8厘米，宽17.8厘米，由两根竖杆、3根横杆构成，可分为上、中、下3部分。

中部竖向分为3组：中心一组，上段如木方形，錾饰连续卷草纹；下段为浮雕团龙纹；左右两组，仿佛窗式，装饰各自对称，上下开雕柿蒂形状的框栏，中段镂雕缠枝牡丹。

上部做如意式样的框架，栏内雕镂"凤穿牡丹"，顶端联络有流云纹衬托的葵花。有荣华富贵、丹凤朝阳之意。下部分为支架，底部横档安置活络底板，一饰凸起的六瓣葵形边框，中间浮雕鸟雀花草。

前支架为副架，造型与主架下半部完全相同，套入主架以销钉相结合，可开可合。副架上部横杆安置活络面板，一端以双钩斜向连接于主架中部的圆眼，成一斜面以置银镜。

面板饰六瓣葵瓣边栏，内饰浮雕太阳和寓意月亮的月兔。日月象征君后，比喻圣贤，这日月图像构思在置镜的面板，别有妙处。主副

金银生辉

金银文化与艺术特色

六字真言 唵嘛呢叭咪吽，又名六字真言或六字大明咒，是佛教最常见的真言，是观世音菩萨愿力与加持的结晶，故又称为观世音的心咒，除了刻在石上，亦多刻在转经筒上。

■ 元代锦地纹银盘

支架栏杆出头部分均作如意头，象征吉祥。

银镜架设计构思新奇，仿木质框架式结构，折合式支架，开合自如。造型豪华端庄，雕镂的装饰玲珑剔透，虚实相宜，体现了设计者的匠心。

这些纹饰，装饰繁缛，工艺极其精湛，全是用锤子功夫，一凿又一凿精心捶敲出来的。镜架上的纹饰犹如浮雕，凹凸得宜，层次分明，凿子如刻刀，凿凿清晰，点点均衡，敲击之后，龙腾四海，凤舞九天。

在江苏省金坛洮溪发现有元代银盘，口径16.5厘米，板沿浅腹平底，在底部刻有阿拉伯文的回历纪年铭文，经译为回历"714年1月"，即1314年。这为探讨窖藏的时间提供了一定的依据。

在洮溪还发现了一件元梵文盘，其口径14.8厘米，板沿浅腹平底，盘口沿刻一周回纹，盘底上压印梵文，周围一圈为韦驮之降魔杵，梵文经鉴定为六字真言的首字"唵"。

元代金银器在宋代的基础上，其形制、品种都有进一步的发展，并形成了比较明显的时代风格。元代由于历史较短，金银器为数不多。然而从文献材料上看，当时的金银器饰品并不稀见。

从总体上看，元代金银器与宋代金银器相近似，其中银器数量多。金银器品种除日用器皿和饰品外，陈设品增多，如瓶、盒、樽、奁、架等。

元代大多数金银器刻有铭款，这对研究元代金银器的发展具有重要价值。

如洮溪元代窖藏蟠螭银盏，口径6.8厘米，通高3.9厘米。直口圆腹圈足，有一螭虎龙攀缠外壁，头部伸出盏口，螭虎龙的造型生动活泼，栩栩如生。盏内壁刻云螭纹，盏口外沿印有"范婆桥西徐二郎花银"的戳记。

在湖南省津市一处元代金银器窖藏中，发现有金器六件，银锭两件，其中两件八棱龙凤纹双耳金套杯和花果金簪最为精致。

八棱龙凤纹双耳金套杯共两件。其中一件通高6.3厘米，口径7.8厘米，底径4.3厘米，重95克。金器以黄金制成，敞口呈八棱形，内外两杯相套。内杯口沿外卷，圆底，高3.2厘米。杯内有墨书痕迹，字迹模糊不清。

外杯平沿，口沿下累刻一圈回纹，上腹八棱形，饰对称双耳，下腹内折，底腹圆，焊接喇

■ 金凤簪

金银文化与艺术特色

叭形圈足。纹饰以模印为主，局部錾刻。

八棱之间凸起框内分别模印花卉、龙凤纹。龙作盘曲状，毛发向上飘拂，口皆张，龙鼻上卷，背錾刻点状纹。凤作飞舞状，嘴如鹰钩，翎毛飘扬，凤翅舒展，凤尾舞动，仿佛在凌空旋转翱翔，栩栩如生。该器物纹饰华丽，造型高贵典雅，应为元代达官显贵使用之物。

另一件通高6.7厘米，口径7.8厘米，底径4厘米，重96.7克。器形、工艺与前件同，纹饰略异。金杯口沿下錾刻一圈棱形纹，两耳饰龙纹，两眼圆睁，鼻硕大，面目狰狞，下面錾刻卷草纹。

凸起框中龙生双翼，作口吐宝珠状；龙头略圆，鼻上卷；龙身錾刻脊线。凤颈翎毛向上飞舞，钩如鹰嘴，给人以凶猛之感，似乎在表现蒙古人粗犷骠悍的游牧性格。

花果金簪通长15.8厘米，最宽1.1厘米，重9.7克，柳叶形，顶端叉开，两端向下卷成小圆圈，两组花果并联焊接于簪上，花果皆为空心，由一根卷曲细金丝穿起。主要纹饰为藤穿花卉，棱形瓜果、石榴等，簪体錾刻细点线卷草纹。

该簪制作精湛，纹饰华丽雅致，为不可多得的元代金器制品。另外还有3件金器为金插花、金凤簪和叉形金簪等。

金插花通高2.5厘米，宽10厘米，重7.8克，呈扇

卷草纹 我国传统图案之一。多取忍冬、荷花、兰花、牡丹等花草，经处理后作"S"形波状曲线排列，构成二方连续图案，花草造型多曲卷圆润，通称卷草纹。因盛行于唐代，故名唐草纹。

形，外缘饰5行凸起的联珠纹，内缘镂空，两端饰以梅花，加以蔓草、流云纹烘托出中间一吉祥图案，构图巧妙，工艺精细。

金凤簪长9.4厘米，凤首宽3厘米，高1.6厘米，重8.6克，圆锥形，端饰凤首，凤颈翎毛迎风飘忽，簪体錾刻细线纹和卷草纹。

叉形金簪长13厘米，重4克，圆柄，上端叉开，其中一支残，西凤上饰几何纹形，顶端嵌7根圆弧状金丝。

银锭两件，长8.7厘米，首宽5.6厘米，腰宽2.7厘米，腰厚1厘米，一件重295克，另一件重288克。束腰式，表面微凸，其中一件表面有"王信"戳记，底及侧面有许多气孔。

根据器形和纹饰分析，这批金银器应是元代的遗物，银锭形制及戳有银铺记号的特点，与在江苏省吴县吕师孟墓中发现的银锭相同。

龙凤是我国历代工艺品中常见的纹样，而元代的龙凤纹有很强的时代特征，往往是装饰成为足踏卷云，颈毛飘拂，作飞舞姿态，显得很有生气。元代的

银 在古代，人类就对银有了认识。银和黄金一样，是一种应用历史悠久的贵金属，至今已有4000多年的历史。古代人们就已经知道开采银矿，由于当时人们取得的银的量很小，因此它的价值比金还贵。由于银独有的优良特性，人们曾赋予它货币和装饰双重价值。

■ 元代银锭

■鎏金凸花银盘

龙凤纹也反映民族特征，威猛的雄姿、叱咤风云的气质，是蒙古族个性最好的写照。从造型纹饰看，元代金银器讲究造型，素面者较多，纹饰大多比较洗练，或只于局部点缀装饰。

然而，元代某些金银器亦表现出一种纹饰华丽繁复的趋向。这种趋向对明以后金银器风格的转变，有着重要的影响。如在江苏省吴县吕师孟墓中发现的如意纹金盘，高1.3厘米、宽16厘米，盘以4个如意云纹组成，线条为捶揲而成的突起阳文，两下相互重叠，盘心又捶出4个小如意云纹，形似花朵，其余部位满饰錾刻缠枝花卉纹。盘底刻有"闻宣造"3字铭文。

该盘造型新巧，别具一格，如意云纹既是纹样，又是构成器形的一个组成部分，使装饰与造型完美地结合在一起。如意云头尖角向外，呈放射状伸展，为盘形奠定了方形的四角。

4个如意云头的8个卷涡纹以虚线相连，形成外缘圆而内缘方的图形，而盘心的小如意云头则以同样的十字交叉形式组成外方内圆的形状，使该盘的方圆组合达到圆融无碍的境界。

■八思巴文银字符牌

金银文化与艺术特色

两对如意云纹采取相叠的方式是颇有创意的，由于相叠，产生了平面装饰允许范围内的纵深感、层次感，使金盘在单纯中蕴含了更丰富的美感；同样由于相叠，使如意云头原本完全相等的两个卷涡形产生了一隐一显、一藏一露、一整一破、一大一小的巧妙变化，同时两者相连又产生了一个新的图形，使观赏效果又多了一个层次。

金盘口沿的处理使器物更显厚重，使空间层次感得到充分的渲染。该盘的空间处理除上述之外，精细的线刻牡丹纹构成了又一层次，牡丹花头外圈呈圆形，内圈则为方形，又暗合了金盘方圆交互的审美意蕴。

牡丹花头的细微变化也暗含玄机，上面一对如意云头中两朵主要的牡丹花心有特殊的变异，一朵加刻荷花，另一朵处理成石榴，这样就更强调了上面一对如意云头的突出感，符合全盘重视空间变化的整体构思。此件金盘无论造型之精巧，纹饰之细腻，工艺之纯熟，在元代金银器中均不愧为代表之作，极为珍贵。

在同墓中还发现有缠枝花果方形金饰件，长8.5厘米，宽7.9厘米，为腰带饰件，表面高浮雕缠枝花卉。

内蒙古自治区锡林郭勒的乌兰沟中有一座墓葬，在墓中发现了蒙古汗国时期的金器和随葬品。在众多宝物中，最为珍贵的要数一套极为罕见的包金马鞍饰。

这套黄金马鞍饰，继承了我国北方草原民族的传统工艺，木质鞍体，鞍体外面包镶黄金饰片。马鞍饰全部用金片模压捶揲而成。

元代鎏金释迦牟尼佛像

金银生辉

金银文化与艺术特色

忽必烈（1215—1294），即元世祖，他建立了幅员辽阔的统一多民族国家元朝。他在位期间，加强中央集权，使社会经济逐渐恢复和发展。他是蒙古民族光辉历史的缔造者，是蒙古族卓越的政治家、军事家。

元代鎏金青铜印

图案都是浮雕式，中心是四曲海棠形开光，一只瑞鹿静卧于花草之中，四周装饰花草纹。鞍马饰就是由它上面的纹饰而得名，叫作"卧鹿缠枝牡丹纹金马鞍饰"。黄金马鞍上捶揲出精巧的纹饰，甚至在马鞍上镶嵌宝石，在爱马的同时也显示出了马主人的高贵。

相传忽必烈时期，一位嫁到汪古部的美丽公主武功非常高强，经常在广阔的锡林郭勒草原上纵横驰骋，她就是海都王的女儿明月公主。

明月公主经常随父亲海都王南征北战，还主动接受蒙古族传统武士的训练。明月公主从17岁起就只用一件卧鹿缠枝牡丹纹金马鞍装配自己的坐骑，而且从未间断过。

明月公主17岁的时候，参加了忽必烈举办的那达慕大会，武功高强的明月公主大获全胜，引起了忽必烈的注意，没想到汗国之内，还有这样的奇女子，忽必烈赐给明月公主九九八十一件赏物，其中就有一副黄金马鞍。

然而忽必烈原先准备的作为奖品的黄金马鞍并不适合身材娇小的明月公主。于是忽必烈命令汗国里最有名的工匠重新打造了一具适合公主身材的黄金马鞍。

而看到面前的明月公主宛如

充满灵性的神鹿时，忽必烈便特命工匠在金马鞍饰上捶撰一只瑞鹿，既喻吉祥也象征公主的美丽与灵性。

明月公主非常珍爱这件由自己最崇拜的人赐予的黄金马鞍，几乎与它形影不离。忽必烈很欣赏聪明美丽勇敢的明月公主，将她许配给汪古部里最英勇的王子。

■ 铜镀金马鞍

然而，明月公主出嫁后的第二年，她的父亲海都王与忽必烈发生争执，就在两军即将开战的时候，明月公主骑着配以黄金马鞍的战马来到两军阵前，请求停止作战。突然，明月公主拔出宝剑在两军阵前自刎。所有的人都震惊了，就停止了战争。

失去了明月公主，忽必烈和海都王都陷入了悲伤，在美丽的锡林郭勒草原上厚葬了公主，并把她生前喜爱的卧鹿缠枝牡丹纹金马鞍饰作为陪葬伴随公主。这件卧鹿缠枝牡丹纹金马鞍饰的发现，证实了那位美丽公主的存在，也让人们仿佛看到了那位勇敢善良的明月公主的英姿。

阅读链接

元朝统治者以游牧民族入主中原，其生活起居、器用服饰不可避免地会带有北方少数民族的特色，喜用金银等贵重金属制作器物就是其中之一。

13世纪时，意大利人马可·波罗曾到过元大都，在他的《游记》中详细描述了忽必烈大宴群臣的场面，对满席陈列的金银器具之奢侈华美尤为惊叹，艳羡之情溢于言表。

生动而古朴的明代金银器

明代统治者用金银珠宝制作装饰品和生活用具，数量大得惊人，工艺技巧高超，制作精细入微，集传统花丝、镂雕、錾刻、镶嵌技术之大成。

豪华精美品种繁多，如金丝织成金冠、凤冠，嵌玉金花仅定陵就有数百个。

万历皇帝金冠

江西省南昌的"益庄王金丝冠""金丝楼阁编花头饰"，是以金丝编成6.7厘米见方，上面又编出树木、楼阁、仙鹿、白鹤等物，奇巧细致之极。

明代的金银器制造工艺高超，造型庄重，装饰华丽，雕镂精细。器物用打胎法制成胎型，主体纹样采用捶成凸纹法，细部采用錾刻法，结合花丝工艺，组成精美图案，有的器物镶嵌珍珠宝石，五光十色。金银上凿刻压印"官作"或"行作"或工匠名及成色。

北京是明朝的都城，尤其是皇帝的陵墓就在北京，因此在"明十三陵"的定陵中，发现了皇帝、皇后所用的贵重的金银器，代表了皇家气派。其中以金冠、金壶等为代表作。

定陵万历皇帝金冠重826克，由518根直径0.2厘米的金丝编织而成，孔眼匀称，外表光亮，没有任何接头的痕迹。冠上镶嵌二龙戏珠，姿态生动，龙身细鳞也是金丝掐成，是花丝镶嵌的经典之作。

■ 明代孝靖太后凤冠

金冠形制由前屋、后山和金折角3部分组成，前屋部分是用极细的金丝编成"灯笼空儿"花纹，空当均匀，疏密一致，无接头，无断丝。

后山部分是采用累丝錾金工艺制成的二龙戏珠图案，龙的造型雄猛威严，具有强烈的艺术装饰效果。翼善冠用极其纤细的金丝编结，采用传统的掐丝、累丝、码丝、焊接等方法，工艺技巧登峰造极，充分反映了明代金钿工艺的高超水平。

明代金器在工艺上保持着较高水准，并有自身的特点，如较多地使用宝石镶嵌手段等。该冠是最能代表明代金器发展水平的金器之一，具备造型大方、纹饰繁缛、用金厚重、装饰堆砌的明代金器独特风格。

凤冠是皇后的礼冠，在受册、谒庙或者朝会时佩戴用。古代皇后的服装是非常讲究的，常有"凤冠霞

明十三陵 我国明朝皇帝的墓葬群，坐落在北京市西北郊昌平区境内的燕山山麓的天寿山。这里自1409年5月始作长陵，到明朝最后一帝崇祯葬入思陵止，其间230多年，先后修建了13座皇帝陵墓、7座妃子墓、1座太监墓。共埋葬了13位皇帝、23位皇后、2位太子、30余位妃嫔、1位太监。

■ 明代鎏金乌纱翼
善冠

金银生辉

金银文化与艺术特色

《明史》二十四
史最后一部，它
是一部纪传体断
代史，记载了自
朱元璋洪武元年
至朱由检崇祯
十七年200多年
的历史。其卷数
在二十四史中仅
次于《宋史》，
但其修纂时间之
久，用力之勤却
大大超过了以前
诸史。

岥"的说法，实际上，凤冠霞岥是所有后、妃、命妇用于朝见等礼仪场合的礼服统称，细分起来等级差别相当严格。

在《明会典》和《明史·舆服志》中有详细记载，仅一凤冠上的动、植物形象、种类、数量就有明显的区别，质料、颜色、形状更不能相同，否则下级就有犯上的大罪。

在定陵发现的凤冠共4件，三龙二凤冠、九龙九凤冠、十二龙九凤冠和六龙三凤冠各一顶，孝端、孝靖两位皇后各两顶。

冠上饰件均以龙凤为主，龙用金丝堆累工艺焊接，呈镂空状，富有立体感；凤用翠鸟毛粘贴，色彩异常艳丽。

凤冠造型庄重，制作精美，其工艺有花丝、镶嵌、錾雕、点翠、穿系等项。冠上嵌饰龙、凤、珠宝花、翠云、翠叶及博鬓，这些部件都是先单独作成，然后插嵌在冠上的插管内，组合成一顶凤冠。

点翠面积大，4顶凤冠上有翠凤23只，翠云翠叶翠花多达数百片，宝石镶嵌多达400余颗，大小珠花及珠宝串饰的制作也不少。

最后的组装更是一项非常复杂的工序，各饰件的放置，几千颗珍珠的穿系，几百颗宝石的镶嵌，诸多饰物于一冠，安排合理。凤口衔珠宝串饰，金龙、翠凤、珠光宝气交相辉映，富丽堂皇，非一般工匠所能达到。

凤冠上金龙升腾奔跃在翠云之上，翠凤展翅飞翔在珠宝花叶之中。

定陵万历孝靖皇后的九龙九凤冠，高27厘米，口径23.7厘米，重2300克，九龙九凤冠有珍珠3500余颗，各色宝石150余块，冠的内胎用漆木丝扎制，通体簪上各色珠宝。前部接近顶端有9条金龙，每条龙的口中衔着"珠滴"，可以在走动的时候，像步摇那样随步摇晃。

下面为点翠八凤，另有一凤在最后，当取九鼎之意，象征着九州之最高统治者的夫人。冠后底部左右悬挂着翠扇式翅叶，点翠地，嵌金龙，再加上各色的珠宝花饰，集中显示了明代镶嵌金银细工的发达。

明代鎏金将军盔

最引人之处是在金碧辉煌之中突出了天然宝石的美质，各色的宝石都没有磨制成统一的形状，而是在大小基本相同的情况下，以金丝围绕，仍保留着宝石原有的不规则形，使装饰繁多的凤冠免除了各图案单位造型雷同的弱点，从而丰富、自然、富丽堂皇，令人充分感受到人工和天然的完美结合。

六龙三凤冠，通高35.5厘

明代金锭

米，冠底直径约20厘米。龙
全系金质，凤系点翠工艺制
成。其中，冠顶饰有3龙：
正中一龙口衔珠宝滴，面向
前；两侧龙向外，作飞腾
状，其下有花丝工艺制作的
如意云头，龙头则口衔长长
的珠宝串饰。

三龙之前，中层为3只翠凤。凤形均作展翅飞翔之状，口中所衔珠
宝滴稍短。其余3龙则装饰在冠后中层位置，均作飞腾姿态。

冠的下层装饰大小珠花，在珠花的中间镶嵌有红蓝色宝石，周围
衬以翠云、翠叶。冠的背后有左右方向的博鬓，左右各为3扇。每扇除
各饰一金龙外，也分别饰有翠云、翠叶和珠花，并在周围缀左右相连
的珠串。

整个凤冠，共嵌宝石128块，其中红宝石71块，蓝宝石57块，装饰
珍珠5449颗，冠总重2905克。由于龙凤珠花及博鬓均左右对称而设，
而龙凤又姿态生动，珠宝金翠，色泽艳丽，光彩照人，使凤冠给人端
庄而不板滞，绚丽而又和谐的艺术感受，皇后母仪天下的高贵身份因此得到了最佳的体现，为定陵中凤冠之首。

三龙二凤冠为孝端皇太后凤冠，高26.5厘米，口径23厘米，凤冠共用红、蓝宝石100余块，大小珍珠5000余颗，色泽鲜艳，富丽堂皇，堪称珍宝之冠。

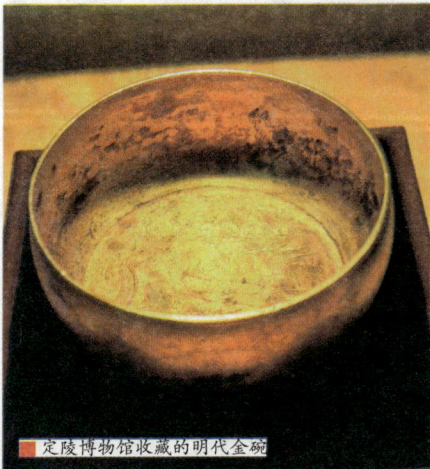

十二龙九凤冠，冠上饰12龙凤，正面顶部饰1龙，中层7龙，下部5凤；背面上部1龙，下部3龙；两侧上下各1凤。

龙或昂首升腾，或四足直立，或行走，或奔驰，姿态各异。龙下部是展翅飞翔的翠凤。龙凤均口衔珠宝串饰，龙凤下部饰珠花，每朵中心嵌宝石1块或6块、7块、9块不等，每块宝石周围绕珠串一圈或两圈。

另外，在龙凤之间饰翠云90片，翠叶74片。冠口金口圈之上饰珠宝带饰一周，边缘镶以金条，中间嵌宝石12块。每块宝石周围饰珍珠6颗，宝石之间又以珠花相间隔。博鬓6扇，每扇饰金龙一条，珠宝花两个，珠花3个，边垂珠串饰。

全冠共有宝石121块，珍珠3588颗。凤眼共嵌小红宝石18块。

定陵金壶，通高21.8厘米，足径5.9厘米，托盘直径8.3厘米。此件金壶属皇帝所有，规格极高。此金壶直口，短颈，腹部呈方形突出，其下为圆柱形，平底，腹部安有曲状壶嘴和把手，上有金链与盖钮相连，盖钮为宝珠形，玉质。

金壶盖部及颈部均錾刻不同形式的云纹，肩部镶嵌各色宝石，腹部镶嵌白玉团龙，四角配以海浪、卷云纹样，圆柱部分捶揲二龙戏珠；托盘圆唇，直壁，平

二龙戏珠　龙分雌雄，这是二龙戏珠的图案比较多的原因。如果珠作卵解，就是父母双方共同呵护、爱抚他们的子女；如果珠作太阳解，就是雌雄二龙共迎旭日东升，让灿烂的阳光普照大地。再者，二龙对称，龙体弯长，珠形滚圆，在构图上也具有一种美感。

■明代金盏

明代錾花金盘

底，外壁錾刻折枝牡丹纹一周。金壶满饰纹样，繁缛精致，更镶嵌以玉石珠宝，装饰效果华丽富贵，体现出皇家用器的非凡气派。

北京除了皇帝陵，另外万贵墓、万通墓和董四墓中也都有重要发现。万贵《明史》有传，生于1392年，卒于1475年，为宪宗万贵妃之父。万通则为万贵之子。董四是一名姓董行四的太监。

如在北京市右安门外万贵墓中发现的錾花人物楼阁图八方盘，高0.9厘米，径16.2厘米，边长6.6厘米，盘八方形，先以范铸成形，而后錾刻花纹图案。盘沿为一二方连续几何图案，盘心主题纹饰为一组人物故事图。

图案内容极为丰富，描绘了人物、楼阁、树木、水波、桥梁、马匹、山石等，以人物、楼阁为主体，共刻画人物21位，或骑马，或携琴，或交谈，或对饮。

人物錾刻随意、洒脱、自如，似信笔而为，却又极富神采，笔笔到位。重檐楼阁用笔却极严谨，似界画，一丝不苟，整体画面动中有静，静中寓动，是我国传统绘画以錾刻手法在金器中的再现。

万贵墓海水江崖瑞兽纹金盏托，高1.2厘米，径18.2厘米，盘圆形，唇边以范铸与錾花手法制成，

明代桃形金杯

盘沿为二方连续回纹一周，盘心为一双钩篆书"寿"字。

盘心与盘沿间为半浮雕式海水江崖瑞兽纹，水中有若隐若现的马、龙、狮、象、鱼等瑞兽。该盘在制作上突出整体的效果，不拘泥于细部的刻画，呈现出浑厚、粗朴的风格。

在万贵墓中还发现有錾花金什件，通长52厘米，什件由荷叶形牌饰与下缀7物组成，牌饰上部为相对的两只鸳鸯立于荷叶上，荷叶下有7环，连缀7条金链，每链下各缀一物，分别是剪、袋、剑、罐、盒、瓶、觿。每件小缀物都极精巧，尤其是罐、瓶、袋、盒通体錾刻精美纹饰，极富装饰性。

万贵墓嵌宝石桃形金杯，高4.4厘米，长6.8厘米，宽5.2厘米，杯体为剖开的半个桃子形，杯柄为桃枝与桃叶，杯中与柄部镶嵌红、蓝宝石。此杯集范铸、焊接、镶嵌等工艺于一体，制作考究，造型构思巧妙，以现实的桃为原型，并加以提炼与升华，红宝石的鲜红、蓝宝石的深蓝与黄金本身的金黄三者合于一体，使本来因缺少纹样装饰而显得单调的器物增添了富丽的效果。

万通墓中最珍贵的是嵌宝石龙纹带盖金执壶，高19.4厘米，口径4.4厘米，底径5.3厘米，撇口、束颈、鼓腹、圈足，流、柄附于壶身两侧，盖以链与柄相系。

壶盖、壶颈及近底部錾刻蕉叶纹、卷草纹、如意云头纹、莲瓣纹；腹部两侧火焰形开光内刻四爪翼龙两条。盖顶、流、柄上镶嵌红蓝宝石共27颗。

在北京市海淀区董四墓中发现了明宣德云凤纹金瓶，高13厘米，

羊脂白玉 是和田玉中的宝石级材料，是白玉中质纯色白的极品，具备最佳光泽和质地，主要表现为：温润坚密、莹透纯净、洁白无瑕、如同凝脂，故名。它的颜色洁白，质地细腻，结构致密，坚而不脆。我国民间认为佩戴玉器既起到装饰作用又能达到健身效果，还有"如意、长寿、平安、吉祥"之寓意。

口径4.7厘米，底径8.9厘米，侈口，长颈，鼓腹，平底，通体錾刻纹饰，口沿部为卷草纹，颈部为小云凤纹，腹部为大云凤纹。

整体造型简洁，线条收放自如，纹饰布局丰满，图案刻画细腻。外底有"随驾银作局宣德玖年玖月内造捌成伍色金拾伍两重外焊伍厘"款。

南京是大明王朝的发祥之地，在南京所在的江苏地区，也有非常贵重而精美的明代金银发现。

在苏州五峰山博士坞的明代弘治年间进士张安晚家族墓中，发现了一件金蝉玉叶，位于墓主人的头部，同时还有银笄两件、金银嵌宝玉插花4件，证明这件物品是贵族女子头上的发簪。

一只形神毕肖、金光闪耀的蝉，栖憩在玉叶上。它侧身翘足，双翼略张，嘴巴微开，好似在奏鸣，透明的玉叶托着它。

金蝉蝉翼左右各二：外翼长1.7厘米，宽约0.8厘米，厚仅0.2毫米，表现了蝉翼轻而薄的特点，蝉足简化为2对，一对前足翘起，一对后足微微抬起。整个蝉体形象逼真，栩栩如生。

玉叶则长5.2厘米，宽约3.2厘米，系用新疆和田所产羊脂白玉精工琢磨而成，晶莹润泽、温柔细腻。

叶片打磨细薄呈凹弧状，仅厚约0.2厘米，分为8瓣。

有主脉一根，两边各有支脉4根，叶片正面的叶脉琢成弧曲的凹槽，背面的叶脉相应搓成凸棱，使叶片极具真实感，整片叶子的边缘磁磨得圆润光滑。

金蝉玉叶的制作技术十分复杂。金蝉采用了压模铸范、薄叶延展、錾刻、焊接等工艺。玉叶汲取传统的阳线、阴线、平凸等多种琢玉工艺，抛光细腻，薄胎圆润，琢工精致，达到炉火纯青的艺术境界。整个画面构思奇巧，动静结合，妙趣横生，具有极高的鉴赏价值。

牛首山弘觉寺塔的塔底层中央有一圆洞，洞内发现了一座明代鎏金佛塔，塔高35厘米，塔置须弥宝座上，座高16厘米。座正面刻有二力士像，右刻双狮戏球，左刻双鹿斗角，后刻云龙。

塔座下枋刻有题记："金陵牛首山弘觉禅寺永充供养"，背面则是"佛弟子御用监太监李福善奉施"。

鎏金佛塔有4个壶门，内有释迦、韦陀佛像，上施有相轮、十三天、宝盖、宝珠等。

塔内须弥座上布置有一组佛像，须弥座内藏有珍珠、宝石、水晶、玛瑙、玉石、骨灰等物。

整个鎏金塔安放在一个红色砂岩雕成的须弥山形基座上，正面凹下部位放银棺金棺，内有一躯铜铸镀金释

蝉 只饮露水和树汁，加上其出淤泥而不染，象征着圣洁、纯真和清高。蝉的鸣叫声余音绕梁，所以蝉又有着一鸣惊人之意。蝉是周而复始，延绵不断的生物，寓意子孙万代、生生不息。蝉谐音于"缠"，在腰间佩戴翡翠蝉寓意腰缠万贯。在我国古代，蝉还代表第一，象征位居榜首、永夺第一。

■ 明代鎏金佛塔

金银生辉

金银文化与艺术特色

明代嵌宝石金簪

王母 传说中的女神。亦称为金母、瑶池金母、瑶池圣母、西王母。原是掌管灾疫和刑罚的大神，后于流传过程中逐渐被女性化与温和化，而成为慈祥的女神。相传王母住在昆仑仙岛，王母的瑶池蟠桃园里种有蟠桃，食之可长生不老。

迦涅槃像，方形石座的四角各放一个青瓷罐，其中一个青瓷罐内放有一颗老年人牙齿以及骨灰等物。实际上是由鎏金塔和砂石岩塔基及4个瓷罐合成一个"金刚宝座塔"。

朱棣的孙子，朱元璋的重孙明梁庄王朱瞻自，是仁宗昭皇帝朱高炽10子中的第九子，1424年被册封为梁王，1441年"以疾薨"，享年30岁，"葬封内瑜坪山之原"。

梁庄王墓中最珍贵的金银器，莫过于一件金累丝镶玉嵌宝牡丹鸾鸟纹分心。挑心之下、髻前后口沿各簪一支者，名作分心。若再细分，则前者名前分心，后者名后分心。

分心的造型通常为十几厘米长的一道弯弧，正面上缘一溜尖拱，中心高，两边依次低下来，适如菩萨冠或仙冠的当心部分。背面或从垂直方向接一柄扁平的簪脚，或作出几个扁管用以贯穿两端系带子的银条。

就装饰题材而言，以王母、观音等仙佛作为主题纹样，其流行大约始于明中期，此前则以牡丹凤凰等花鸟题材为多。

梁庄王墓的分心只有一件，从同出其他首饰的组合情况来看，以将它认作前分心为宜。它用金累丝做成卷草纹的底衬，正面做出嵌玉的边框和抱爪。边框周围是金累丝的花叶和18个石碗，内嵌红、蓝宝石和绿松石。

边框里嵌一枚玲珑玉——白玉碾作一幅牡丹鸾鸟图，一枝牡丹花开中间，鸾鸟一双回环左右，一只俯身昂首，一只转颈顾盼。长尾与花枝交相缠绕把空间填满。

分心之背以一根窄金条横贯为撑，中央垂直焊接一柄簪脚。与分心合作一副的还有题材与制作工艺均一致的一对掩鬓，造型为左右对称的云朵，中心边框内各嵌玲珑玉，不过是把分心的牡丹鸾鸟图一分为二做成适形图案。

细腻而华丽的清代金银器

明清两代金银器越来越趋于华丽、浓艳，宫廷气息越来越浓厚。象征着不可企及的高贵与权势。

然而，明清两代的金银器，其发展轨迹明晰可见，但其分野之界亦是如此鲜明。大体上说，明代金银器仍未脱尽生动古朴，而清代金银器却极为工整华丽。在工艺技巧上，清代金银器那种细腻精工，也是明代所不可及的。

清天球仪

北京是明清两代皇帝居住的地方，也是一座举世闻名的古代艺术殿堂和宝库，其中有一件乾隆时期的稀世珍宝，名为"金嵌珍珠天球仪"。

天球仪，又名浑天仪、天体仪，是古代用于观测天体运行的仪器。我国古人很早就会制造这种仪器，用它可以直观、形象地了解日、月、星辰的相互位置以及运动规律。

这件金嵌珍珠天球仪是乾隆皇帝命令清宫造办处用纯金打造而成的，通高82厘米，工艺精湛，极具奢华。天球仪的球径约30厘米，由金叶捶打成的两个半圆合为一体，接缝处为赤道，球的两端中心为南北极。

北极有时辰盘，距赤道23度左右。赤道与黄道相交，相交点为春分、秋分。球外正立的圈为子午圈，球体上饰列星辰，位置分布得十分科学。

据乾隆年间的《仪象考成》记载，天球仪有3垣、28宿，300个星座，3242颗星。采用赤金点翠法，以大小不同的珍珠为星，镶嵌于球面之上并刻有星座的名称。比例恰当，位置准确，反映出清代我国高超的天文科技水平。

天球仪的支架呈高脚酒杯状，用9条不同姿态的行龙支撑球体，上为4条头上尾下的腾龙擎住球体，下为头下尾上的倒海翻江的降龙，形成支架稳固球体，中间一龙连接上下部分，成游龙抱柱状。

9条行龙采用捶揲法，形成中空的圆雕，龙的表面则以抽丝法形成龙鳞、龙髯、龙睛的纹饰。行龙吞云吐雾，形态生动，细部錾雕精细，栩栩如生。

球仪的基座为圆形珐琅盘底座，通体以细丝盘出缠技花纹，嵌以烧蓝和淡蓝的珐琅釉，以丰富多彩的

■ 金嵌珍珠天球仪

浑天仪 我国历史悠久，有人认为西汉落下闳、鲜于妄人、耿寿昌都造过圆仪，东汉贾逵、傅安等在圆仪上加黄道环，改称"黄道铜仪"。而最早的是东晋史官丞南阳孔挺在323年所造的两重环铜浑仪，这架仪器由六合仪和四游仪组成。633年，李淳风增加了三坂仪，把两重环改为三重仪，成为完备的浑仪，称为"浑天黄道仪"。

清代金簪子

色调改变了纯金的单调。景泰蓝座足又以4个龙首为形，采用高浮雕法，极富装饰性。底座盘上是奔腾的海水波浪，托盘中心则是指南针。

支架的9龙与底盘4龙浑然一体，顾盼有神，与底座内奔涌的海水形成群龙共舞、翻江倒海的宏伟气势，科学的严谨和工艺的浪漫和谐集于一体，珠联璧合，是一件绝无仅有的艺术珍品。

乾隆朝是清代鼎盛时期，同时期欧洲的科学技术也进入大发展阶段。乾隆帝也对这种新奇的西方学科产生了浓厚的兴趣，而且他更热衷的是繁复华贵的钟表与灵活奇巧的机械玩具。乾隆帝还将科技仪器礼制化，著录在册。

这件天球仪的最大特点，一个特点是上面的星象引进了西方的星等，可以看到上面的珍珠有大有小，上面最大的珍珠象征着天上最亮的1等星，然后依次往下降，最小的是天上的6等星。从这个仪器可以看出中西方文化相互交流的特点。

再有一个最大的特点就是，该器外面看是一个天球仪，但是天球

清代金凤钗

清代金镶玉龙戏珠纹项圈

仪的球壳里面实际是钟表的机心，在天球仪顶端南部有3个孔，放进钥匙之后经过旋拧，天球仪就可以慢慢地旋转。

这样就不仅可以看到天球仪是一个天文仪器，还能够形象地看到它不断旋转，演示出天球仪星象活动的景观。这也是乾隆时期做天球仪的一个新的发展。

在明代金银器的纹饰中，龙凤形象或图案占有极为重要的位置。这一变化到了清代，更加推向极致。

如清代金镶玉龙戏珠纹项圈，高2厘米，直径18厘米，全器以金为皮，以玉为骨，以金裹玉，形成黄白相间的效果。

玉骨8条，或以金嵌宝相隔，或以龙首相隔。主体纹饰龙的刻画最为生动，戏珠龙张口拱珠，双目圆睁，角、发向后；边饰层次多，构图多样、繁复。全器运用了范铸、錾花、累丝、掐丝、炸珠、焊接、镶嵌等诸多工艺，复杂而细腻。

清代金银器保留下来的极多，其中大部分为传世品。器形和纹饰也变化很大，已全无古朴之意，同时反映了宫廷金银艺术品所特有的一味追求富丽华贵的倾向。

清金指套

金银满堂 宋元明清金银器

乾隆御制国宝金瓯永固杯

金银生辉

金银文化与艺术特色

九品 我国古代官吏等级，把官员分成九等，即上上、上中、上下、中上、中中、中下、下上、下中、下下。北魏时，每品各分正、从，从第四品起，正、从又分上、下阶，共30等。唐、宋时文职同北魏，从武职三品起分上、下阶。隋、元、明、清时文武均同，留正、从品，无上、下阶，共18等。

非常有代表性的再如乾隆帝御制国宝"金瓯永固杯"，它也是世界上金银器代表作之一，是我国极为罕见的吉祥宝物，富有巨大的历史文化研究价值，极为珍贵。

"金瓯永固杯"寓意大清的疆土、政权永固。"金瓯永固杯"是清代皇帝每年元旦举行开笔仪式时专用的酒杯。

每当元旦凌晨子时，清帝在养心殿明窗，把"金瓯永固杯"放在紫檀长案上，把屠苏酒注入杯内，亲燃蜡烛，提起毛笔，书写祈求江山社稷平安永固的吉语，所以"金瓯永固杯"被清代皇帝视为珍贵的祖传器物。

制作金瓯永固杯，是大清历史上最为重要的一次造宝计划。其制作时间之长，工序之繁、艺技之精，动用人工之广，帝王重视程度之高，在我国造宝历史上，都是空前绝后的。

乾隆四年，也就是1739年，大清内务府造办处建立，乾隆帝亲自挂帅，在全国3000名能工巧匠中精选80

清代累丝龙纹金饰

名，开始了有史以来最隆重的大吉宝物制作工程。

　　直到乾隆五十五年，即1790年，金瓯永固杯制作成功，所有参与"造宝计划"的人封官晋爵，监制者官封六品，工人官封九品，实属罕见。

　　金瓯永固杯，从制作工艺、造型设计，乾隆帝都亲自过问，数次修改。

　　据清《内务府活计档》记载，乾隆皇帝前前后后下圣旨10道，比如："金杯足子做象鼻子足子，镶珠宝，金杯刻'金瓯永固乾隆年制'之款，钦此""耳子夔龙上各安大珠子一颗，两面每面安珠子五颗，中间一颗安大些，花头要圆的，再样呈览，准时再做，钦此"。

　　一个造宝工程，帝王连下10道圣旨，所有人封官晋爵，这在世界造宝历史上，都是绝无仅有的。

　　据说当年最后一颗珍珠镶嵌完毕，出现日月同天、金木水火土五星连珠的天文现象，这种天象历来被认为大吉大利。由此，"金瓯永固杯"一直是清代帝王镇朝传家之宝。

"金瓯永固杯"高12.5厘米，口径8厘米，足高5厘米，杯胎用八成金制成，杯的口边刻着回纹，杯前正中镌有篆书"金瓯永固"，后面镌有"乾隆年制"共8个字。

整个杯造型别致，通体錾刻着缠枝花卉，玲珑剔透，上面镶嵌着36颗大小珍珠、红宝石、蓝宝石和粉色碧玺。杯的两边是双立夔耳，夔龙头上各嵌一颗珍珠，底部是三象首为足，外形呈鼎式。

就在"金瓯永固杯"造成的清乾隆五十五年，也就是1790年，为了给乾隆帝80岁寿辰祝寿，各省总督聚敛黄金，由宫廷匠人精心设计铸造了16只黄金编钟，算是"万寿节"的贡品，用以炫耀盛世豪富。

乾隆帝所铸的这套金编钟，共用了11439两黄金，打破了我国历代用铜铸造编钟的传统，而这其中最重的是"无射大金钟"，最轻的

清代金编钟

是"倍应钟"，铭文"康熙五十五年制"。将钟由低向高排列后，击之可以演奏出美妙的音乐。

平时，这一组金钟置于太庙中，遇有朝会、宴享、祭祀大典，才拿出来配合玉磬奏乐。古代编钟、编磬用体量大小区分音律，金编钟则造型划一，用厚薄不同来分出音阶，每枚钟面铸有阳文楷书律名。钟的图饰同一，都以凸起的纹划分3段：

上段是云朵；中段较宽，铸有神态飞动的行龙，龙头一律向左；下段是对角形云纹，平均分布着8个平头乳钉，是打击点。

金编钟造型雍容华贵，显示出宫廷乐器兼礼器的非凡气派。能用黄金铸造并能打击出不同音色，因而成为精美的乐器，为世间罕有。

冠顶，又称顶子，是清代礼帽的顶饰，用以标志官员等级；分为朝冠用和吉服冠用两种。朝冠顶子共有3层：上为尖形宝石，中为球形宝珠，下为金属底座；吉服冠比较简单，分为球形宝珠和金属底座两部分。底座有用金的，也有用铜的，上面常常錾刻花纹。

如在北京市石景山发现的莲瓣纹金冠顶，高9厘米，底径3.9厘米，通体以金制成，上部镶嵌宝石，中间为球形，下部为莲瓣纹底座，为朝服冠顶。

此件冠顶以范铸为主要的工艺，辅以錾刻、焊接等手法，通体共

清莲瓣纹金冠顶

金银满堂

宋元明清金银器

■ 清铜胎掐丝珐琅灵芝双耳熏香炉 珐琅又称"佛郎""法蓝",实称"景泰蓝",南方俗称"烧青",北方俗称"烧蓝",是一外来语的音译词。珐琅一词源于我国隋唐时古西域地名拂菻。当时东罗马帝国和西亚地中海沿岸诸地,制造的搪瓷嵌釉工艺品称拂菻嵌或佛郎嵌、佛朗机,简化为拂菻。出现景泰蓝后转音为发蓝,后又为珐琅。

10层纹饰,以圆珠纹为间隔;纹饰凸起,呈半浮雕效果,主体纹饰简括粗放,辅助纹饰精巧细腻,整体绚丽美艳,雍容华贵。

清代金银器的造型随着器物功能的多样化而更加绚丽多彩,纹饰则以繁密瑰丽为特征。或格调高雅,或富丽堂皇,再加上加工精致的各色宝石的点缀搭配,整个器物更是色彩缤纷,金碧辉煌。

清代金银器的加工特点,可以用"精、细"二字概括。清代的复合工艺亦很发达。金银器与珐琅、珠玉、宝石等结合,相映成辉,更增添了器物的高贵与华美。

此外,清代还出现了在金银器上点烧透明珐琅,或以金掐丝填烧珐琅,以及金胎画珐琅等新工艺。

这类作品在清宫和广东地区非常流行,造型华美,色调或浓郁,或雅丽,更增添了宫廷器物的富贵气息。

从风格上看,清代金银器既有传统风格的继承,也有其他艺术、宗教及外来文化的影响。正是在这种继承吸收古今中外多重文化营养因素的基础上,清代金银器工艺获得了空前的发展,从而展现出前所未有的洋洋大观和多姿多彩。

清代传世品中,亦保留了不少各少数民族的金银器。这些金银器反映了当时各少数民族的传统风俗与爱好，具有明显的地方色彩和浓郁的民族风格。

如北京门头沟区西峰寺清墓发现的藏文荷花金圆牌，直径7.7厘米，厚0.7厘米，圆形，边缘宽厚，中心錾刻图案，呈半浮雕效果。

圆牌一面为荷叶与荷花，荷叶满铺，盛开的荷花或正面，或侧面，间以茎秆穿插其间；构图饱满，疏密有致。运用范铸、錾刻等手法，图案造型准确生动，纹路刻画细腻顺畅，既具写实性又富装饰性。

圆牌的另一面正中为图案是汉字"寿"字，围绕"寿"字从左侧顺读为藏文六字真言"唵、嘛、呢、叭、咪、吽"，整件器物纹样寓意吉祥与美好。

1697年，清宫正式设立中正殿念经处，专管宫中藏传佛教事务，办造佛像。乾隆时期，由于乾隆帝对藏传佛教的浓厚兴趣，在皇室内外广建寺院、佛室，大造佛像。

当时清宫佛像制作先由中正殿画佛喇嘛按皇帝旨意画纸样，制蜡样，经皇帝审看同意后，交造办处工匠铸造，乾隆帝监督造像的全部过程。

从选材制蜡样直至完成画佛像，工匠需多次呈览，奉旨而行。

并且，乾隆时期，大量的藏佛精品由西藏进贡宫廷，宫廷造像也回返西藏，内地与西藏造像艺术密切交流，相互影响。

乾隆年间凭借朝廷的雄厚财力，由于深

錾刻 是在设计好器形和图案后，按照一定的工艺流程，以特制的工具和特定的技法，在金属板上加工出千变万化的浮雕状图案。利用金、银、铜等金属材料的延展性兴起来的錾刻工艺，是我国传统手工艺百花园中的一枝奇葩。从出土的商周青铜器、金银器上的一些錾刻文、镶嵌和金银错等文物标本可知，这种技术至今已有数千年的发展历史。

■ 清朝鎏金佛塔

金银生辉

金银文化与艺术特色

■ 清代四臂观音像

密宗 又称为真言宗、金刚顶宗、毗卢遮那宗、秘密乘和金刚乘。综合各国的传承，统称为"密教"。其是8世纪时印度的密教，由善无畏、金刚智、不空等祖师传入我国，从此修习传授形成密宗。此宗以密法奥秘，不经灌顶，不经传授不得任意传习及显示别人，因此称为密宗。

通造像技艺的大喇嘛指导和各族工匠的精工细作，使清代宫廷造像工艺水平达到18世纪藏佛艺术的最高峰。

很有代表性的一尊藏传佛教菩萨像，由纯度很高的黄金制成，通高88厘米，且佛身与莲座皆装饰华丽，嵌珍珠宝石，雍容华贵，尽显皇家气派，应是清王朝全盛时期由宫廷的能工巧匠制作而成。

这尊金菩萨盘发束髻，戴五叶冠，冠后僧带向两侧下垂，两眉之间有白毫，白毫就是眉间的痣，是智慧的标志。

菩萨赤足站立在双层莲花座上，每瓣莲上嵌水晶一颗，莲座中间镶嵌珍珠一周。

菩萨肩披一条银质仁兽，据说这种形似小山羊的动物天性非常善良，常舍己救人，人们捕捉它时，不用带什么围猎工具，只要两个人拿着刀枪到树林中，看到仁兽就在它附近假装格斗，这仁慈的小家伙以为两人真的要打起来了，就会跑上前去劝架，站在两人中间怎么也赶不走，人们趁机将它捕获。

这件藏传佛教佛像是清朝国力鼎盛时期的产物，它表明了藏传佛教在宫廷的影响。

清朝贵族崇尚藏传佛教，宫中多供养密宗法器，如坛城。坛城即梵语中所称的曼陀罗，佛教密宗认为这是圣贤集会修行的地方。

《国朝宫史》载，乾隆二十六年，也就是1761年，皇太后70岁大寿，于年例恭进外，每日恭进寿礼九九，第三日恭进寿礼中有一九供器，为8件银镀金八宝及一件"毗耶净域银镀金坛城一座"组成。

由此可见，在清宫，坛城可作为祝寿的恭进礼品，清宫遗留坛城颇多，金坛城却极少，如这件金坛城，城高20厘米，座高14.5厘米，直径17厘米。其制作之精工，无以复加，不仅体现了一流的工艺水平，而且具有相当高的宗教价值，实为珍贵。

金坛城为圆形，正中台基上为正方形经殿，四面有门，殿内坐大威德及众贤，殿顶为多层塔状，塔周伞幢林立。城基外侧雕錾缠枝莲花，上下饰有金珠焊缀而成的联珠纹，坛顶边缘外圈饰垒丝制成的八大尸林，中圈为火焰，内圈则排列护法杵。

金质坛城存世数量极少，此件则由清宫造办处仿照藏传佛教坛城制造。金坛城采取逐步升高缩小的封闭式结构，营造出一种仙山楼阁，是可望不可即的神话境界。城基为比例硕大的圆柱体，顶上围绕的八大尸林却极为纤小，使城基周围绿松石镶嵌的密宗法器更觉巨大神秘，暗示着法力无边。

坛城中央又有方形台座，顺四面梯形台阶而上，可至方形宫室门前，其屋顶又变为圆形，最

■ 清代财宝天王像

清金錾花扁壶

后再转为更小的方形结构，如此不断地方圆交替，使整座坛城有如腾空而起的仙城，引人无限遐想。

清朝时期的金银器有成批的发现，多为清廷公主下嫁蒙古王公的陪嫁品，类别单一，但做工精湛。装饰品占大宗，多见头饰和手饰，纹饰有龙、凤、鹿、蝴蝶、梅花、菊花等，因器施画。

有件清金錾花扁壶，高20.3厘米，宽14厘米，厚0.5厘米，口径4厘米。八成金。体为扁圆形，圆口，直颈，扁圆腹，扁方足。

颈以回纹为地，上饰3周弦纹，两侧饰夔龙耳。腹部两面纹饰对称，均以宝相花和夔龙为主体纹饰。壶身侧面及足部亦以回纹为饰。工艺技法以錾刻为主，金壶上錾刻图案使其突显豪华富丽。

阅读链接

清代的金银器丰富多彩，技艺精湛。其制作工艺包括了范铸、捶打、炸珠、焊接、镌镂、掐丝、镶嵌、点翠等，并综合了起突、隐起、阴线、阳线、镂空等各种手法。

同时，在清代，民间许多金银饰品在专营店已能买到，金银制品不再为上层社会和官府所垄断，说明金银器的大众化程度很高。

应该说，清代金银工艺的繁荣，不仅继承了我国传统工艺技法而又有所发展，并且为后来金银工艺的发展、创新奠定了雄厚的基础。

中华精神家园书系

建筑古蕴
壮丽皇宫：三大故宫的建筑壮景
宫殿怀古：古风犹存的历代华宫
古都遗韵：古都的厚重历史遗韵
千古都城：三大古都的千古传奇
王府胜景：北京著名王府的景致
府衙古影：古代府衙的历史遗风
古城底蕴：十大古城的历史风貌
古镇奇葩：物宝天华的古镇奇观
古村佳境：人杰地灵的千年古村
经典民居：精华浓缩的最美民居

古建风雅
皇家御苑：非凡胜景的皇家园林
非凡胜景：北京著名的皇家园林
园林精粹：苏州园林特色与名园
秀美园林：江南园林特色与名园
园林千姿：岭南园林特色与名园
雄丽之园：北方园林特色与名园
亭台情趣：迷人的典型精品古建
楼阁雅韵：神圣典雅的古建象征
三大名楼：文人雅士的汇聚之所
古建古风：中国古典建筑与标志

古建之魂
千年名刹：享誉中外的佛教寺院
天下四绝：佛教的海内四大名刹
皇家寺院：御赐美名的著名古刹
寺院奇观：独特文化底蕴的名刹
京城宝刹：北京内外八刹与三山
道观杰作：道教的十大著名宫观
古塔瑰宝：无上玄机的魅力古塔
宝塔珍品：巧夺天工的非常古塔
千古祭庙：历代帝王庙与名臣庙

文化遗迹
远古人类：中国最早猿人及遗址
原始文化：新石器时代文化遗址
王朝遗韵：历代都城与王城遗址
考古遗珍：中国的十大考古发现
陵墓遗存：古代陵墓与出土文物
石窟奇观：著名石窟与不朽艺术
石刻神工：古代石刻与文化艺术
岩画古韵：古代岩画与艺术特色
家居古风：古代建材与家居艺术
古道依稀：古代商贸通道与交通

古建涵蕴
天下祭坛：北京祭坛的绝妙密码
祭祀庙宇：香火旺盛的各地神庙
绵延祠庙：传奇神人的祭祀圣殿
至圣尊崇：文化浓厚的孔孟圣地
人间天宫：非凡造诣的妈祖庙宇
祠庙典范：最具人文特色的祭祠
绝代王陵：气势恢宏的帝王陵园
王陵雄风：空前绝后的地下城堡
大宅揽胜：宏大气派的大户宅第
古街韵味：古色古香的千年古街

物宝天华
青铜时代：青铜文化与艺术特色
玉石之国：玉器文化与艺术特色
陶器寻古：陶器文化与艺术特色
瓷器故乡：瓷器文化与艺术特色
金银生辉：金银文化与艺术特色
珐琅精工：珐琅器与文化之特色
琉璃古风：琉璃器与文化之特色
天然大漆：漆器文化与艺术特色
天然珍宝：珍珠宝石与艺术特色
天下奇石：赏石文化与艺术特色

歌舞共娱

古乐流芳：	古代音乐历史与文化
钧天广乐：	古代十大名曲与内涵
八音古乐：	古代乐器与演奏艺术
鸾歌凤舞：	古代大曲历史与艺术
妙舞长空：	舞蹈历史与文化内涵
体育古项：	体育运动与古老项目
民俗娱乐：	民俗运动与古老项目
刀光剑影：	器械武术种类与文化
快乐游艺：	古老游艺与文化内涵
开心棋牌：	棋牌文化与古老项目

科技回眸

创始发明：	四大发明与历史价值
科技首创：	万物探索与发明发现
天文回望：	天文历史与天文科技
万年历法：	古代历法与岁时文化
地理探究：	地学历史与地理科技
数学史鉴：	数学历史与数学成就
物理源流：	物理历史与物理科技
化学历程：	化学历史与化学科技
农学春秋：	农学历史与农业科技
生物寻古：	生物历史与生物科技

文化标记

龙凤图腾：	龙凤崇拜与舞龙舞狮
吉祥如意：	吉祥物品与文化内涵
花中四君：	梅兰竹菊与文化内涵
草木有情：	草木美誉与文化象征
雕塑之韵：	雕塑历史与艺术内涵
壁画遗韵：	古代壁画与古墓丹青
雕刻精工：	竹木骨牙角匏与工艺
百年老号：	百年企业与文化传统
特色之乡：	文化之乡与文化内涵

杰出人物

文韬武略：	杰出帝王与励精图治
千古忠良：	千古贤臣与爱国爱民
将帅传奇：	将帅风云与文韬武略
思想宗师：	先贤思想与智慧精华
科学鼻祖：	科学精英与求索发现
发明巨匠：	发明天工与创造英才
文坛泰斗：	文学大家与传世经典
诗神巨星：	天才诗人与妙笔华篇
画界巨擘：	绘画名家与绝代精品
艺术大家：	艺术大师与杰出之作

戏苑杂谈

梨园春秋：	中国戏曲历史与文化
古戏经典：	四大古典悲剧与喜剧
关东曲韵：	东北戏曲种类与艺术
京津大戏：	北京与天津戏曲艺术
燕赵戏苑：	河北戏曲种类与艺术
三秦戏苑：	陕西戏曲种类与艺术
齐鲁戏台：	山东戏曲种类与艺术
中原曲韵：	河南戏曲种类与艺术
江淮戏话：	安徽戏曲种类与艺术

千秋教化

教育之本：	历代官学与民风教化
文武科举：	科举历史与选拔制度
教化于民：	大学文化与私塾文化
官学盛况：	国子监与学宫的教育
朗朗书院：	书院文化与教育特色
君子之学：	琴棋书画与六艺课目
启蒙经典：	家教蒙学与文化内涵
文房四宝：	纸笔墨砚及文化内涵
刻印时代：	古籍历史与文化内涵
金石之光：	篆刻艺术与印章碑石

悠久历史

古往今来：	历代更替与王朝千秋
天下一统：	历代统一与行动韬略
太平盛世：	历代盛世与开明之治
变法图强：	历代变法与图强革新
古代外交：	历代外交与文化交流
选贤任能：	历代官制与选拔制度
法治天下：	历代法制与公正严明
古代税赋：	历代赋税与劳役制度
三农史志：	历代农业与土地制度
古代户籍：	历代区划与户籍制度

信仰之光

儒学根源：	儒学历史与文化内涵
文化主体：	天人合一的思想内涵
处世之道：	传统儒家的修行法宝
上善若水：	道教历史与道教文化

梨园谱系

苏沪大戏：	江苏上海戏曲与艺术
钱塘戏话：	浙江戏曲种类与艺术
荆楚戏台：	湖北戏曲种类与艺术
潇湘梨园：	湖南戏曲种类与艺术
滇黔好戏：	云南贵州戏曲与艺术
八桂梨园：	广西戏曲种类与艺术
闽台戏苑：	福建戏曲种类与艺术
粤琼戏话：	广东戏曲种类与艺术
赣江好戏：	江西戏曲种类与艺术

传统美德

君子之为：	修身齐家治国平天下
刚健有为：	自强不息与勇毅力行
仁爱孝悌：	传统美德的集中体现
谦和好礼：	为人处世的美好情操
诚信知报：	质朴道德的重要表现
精忠报国：	民族精神的巨大力量
克己奉公：	强烈使命感和责任感
见利思义：	崇高人格的光辉写照
勤俭廉政：	民族的共同价值取向
笃实宽厚：	宽厚品德的生活体现

历史长河

兵家阵法：	历代军事与兵器阵法
战事演义：	历代战争与著名战役
货币历程：	历代货币与钱币形式
金融形态：	历代金融与货币流通
交通巡礼：	历代交通与水陆运输
商贸纵观：	历代商业与市场经济
印纺工业：	历代纺织与印染工艺
古老行业：	三百六十行由来发展
养殖史话：	古代畜牧与古代渔业
种植细说：	古代栽培与古代园艺

强健之源

中国功夫：	中华武术历史与文化
南拳北腿：	武术种类与文化内涵
少林传奇：	少林功夫历史与文化